スピリチュアリティにめざめる

仏教生活

――瞑想技術としての現代仏教

影山 教俊

国書刊行会

プロローグ

現代ほどヴィパッサナーやヨーガなどの瞑想技術が注視されている時代はない。二〇〇〇年夏、ニューヨークの国連本部で開催された「ミレニアム世界平和サミット」でアナン事務総長（当時）に招かれたヴィパッサナー瞑想の立役者ゴエンカ氏は『世界平和の模索』というテーマに沿って講演し、「瞑想という宗教的な技術によって人々の心に平和を実現することが大切である」と述べた。仏教を瞑想技術として扱うことで、平和会議に政治的な思想信条を持ち込まないよう配慮したのである。

アナン氏はこの会議にチベット仏教の指導者たちが欠席した理由を問われたとき、「宗教間の対立の問題は、聖書やトーラー、コーランによるものではありません。問題は信仰ではありません。問題は信仰者のあり方であり、お互いがどのような態度をとるかということです。」と、宗教を思想信条として扱うことなく、信仰者の「おこない」を重要視して発言した。これ以降、仏教は瞑想技術として扱われることが多くなった。

また現代のきわめて情報化されたこの社会で、この瞑想技術（Meditation Technique）が心身分離から生ずるストレス解消の技術として高く評価されている。現代社会に生きる私たちは「自然の子」として切れば血の出る自分と、「社会の子」として観念化された自分との二極の対立によって生ずる高ストレスにさらされているからである。日本ではこの高ストレスによって糖尿病、脂質異常症、高血圧・高尿酸血症などの生活習慣病（ストレス疾患）が蔓延し、現代人のおよそ一九二〇万人が生活習慣病に罹り、その予備軍まで入れると五〇〇〇万人に及んでいる（厚生労働省平成二十二年国民健康・栄養調査結果）。とくにこのような疾患と肥満を複合する病態は医学的にメタボリック・シンドロームと総称され、ガン、脳血管疾患、心臓病の三大死因の主要因となり、医療保険を大きく圧迫するほど社会問題化している。もはや現代人の多くが病気ではないが健康ともいえない状況にあることは、すでに周知の事実だ。いま世界的な規模で瞑想技術が注目されているのは、まさに現代社会に蔓延する心身分離を克服する技術だからである。

さらに瞑想技術が求められている背景には、世界全体の政治経済的な大変動によって人々の暮らし向きが危機的な状況に陥っているという事実がある。世界人口はわずか三十年ほどで倍増してすでに七〇億人を超え、人口爆発の様相を呈している（二〇一一年十月二十六日国連人口基金「世界人口白書」)。それに対して食糧生産が追いついていないのである。この状況下で、先進各国は国益を優先させるために「国家安全保障」を強化させている。政治の目的は国民の安全、第一義は国防にあるからだ。その一方で国民の経済や健康を守る「社会安全保障」は、財政難のために切り捨てられようとしている。すでに物の豊かさを目指す時代に限界がきているのである。WHO(世界保険機関)が掲げた「すべての人々が可能な最高の健康水準に到達すること」(世界保健機関憲章第一条)などの理想は実現不可能な空言《そらごと》となり、一九九八年にWHOの委員会が「健康の定義」を新しく見直し、そこに「スピリチュアリティ」(霊性)を代替しようと提案したほどである。

このように世界的な規模で瞑想技術が注目されているのは、まさに現代社会が心身分離の社会であると同時に、それを生みだす物の豊かさだけを追求する社会構造に問題があるからだ。ところが、現代社会が瞑想技術を要請しているにもかかわらず、瞑想の愛好者はごく少数であり、いまだに多くの人々に受け入れられないのはなぜだろう。それは現代の宗派仏教という真空パックの中に、その瞑想技術が封じ込められているからである。そのパックの中から「わが祖師は、このお経文をこのように読んだ、これが仏教である」という古典的な解説をくり返しているからに他ならない。瞑想技術の専門家である僧侶が、心身分離社会の要請から目をそむけ伝統の殻に閉じこもっているのである。一度パックを開封してその「色香美味」を体感すべきである。そして、瞑想技術のプロセスを、心身統合の科学である人間行動科学（Human Behavior Science）の知見で再評価することである。瞑想技術にはどのような効用があるのか、そこでは心身相関のメカニズムから生理心理学的にどのような状態が誘導されているのか、さらにそれらの状態は仏教用語ではどのように表現されているのか、それらを明らかにすることこそが社会から要請されているのである。

ここからは本書の全体像について話そう。さきのように心身分離社会が要請していることはストレスからの解放であり、それは心身を統一する瞑想技術によって実現できる。この瞑想技術の特徴は、人間行動科学から見れば「実習者の情動をコントロールする技術」（The Training is Emotional Control Technique）である。そもそも仏教とは何かと問えば、仏教学という観念（idea）を追求する学問からすれば、永遠の哲学的課題である。しかし、「人間行動科学の視点」からすれば、仏教はお釈迦さまの瞑想体験そのものである。そして、お釈迦さまの瞑想とは生老病死の四苦を解決する「おこない」だった。四苦とはこの世で人間が避けることのできない現実苦のことである。私たちは老いと病をたずさえながら必ず死へと行き着く。そこでは肉体的な死という現実と、いつまでも生きていたいという観念（意識）の狭間に矛盾が生ずる。これが仏教で四苦と呼ばれる悩み（煩悩、クレーシャ）の実際である。まさにこの悩みは心身分離の悩みであるから、これを解決するには生老病死という身心分離から生ずるストレス（悩み・情動）をコントロールすることが必要だと分かる。こう考えれば仏教とは瞑想技術であり、私が改めて説明するまでもなく、二五〇〇年の昔より心身分離から生ずる情動ストレス（Emotional Stress）をコントロールする技術なのである。

実際に瞑想技術による情動のコントロールを観察すると、その心身の状態は、心理療法で用いられる言葉でいえば、変性意識状態（Altered State of Consciousness）が誘導されている。一般的にいう瞑想状態のことである。そして、この体験には、心理療法と同じように、ストレス発散による治療的な効用があるだけでなく、それ以上に健康的な意識感覚の表出や、トランスパーソナルな意識変容までが誘導されることに驚く。さらにこれらの意識変容を誘導するためには、たんに瞑想技術を実践するだけではなく、着衣喫飯にわたる日常生活の中で、少欲知足の生き方に徹して心身をコントロールすることが必要である。

本書ではこのような瞑想技術によって心身統一を誘導するための理論的な解説と、実際に即した技術的な解説を試みている。もう瞑想という言葉が一般化しているので、あえて「仏教のなになに瞑想法」というような煩わしい言葉を使っていない。「仏教とはお釈迦さまの瞑想技術である」という観点がいまもっとも必要だと思うからだ。まずはこれまでの仏教と瞑想技術の周辺から、現代社会に生きる私たちは瞑想技術をどのように求めてきたか、どう位置づけるか、そのアウトラインからはじめよう。キーワードは「心身分離を克服する瞑想技術」である。

目次

第一章　現代社会に対応する瞑想技術

第一節　瞑想技術の周辺から見えるもの

瞑想技術を普及させるためには、現代社会でいままさに起きていることから論じなければならない。瞑想技術は健康文化として社会的な存在だから、社会と切り離して論じることはできない。近代以降の日本社会は、富国強兵や殖産産業などを最優先する経済繁栄第一主義によって、唯物的な価値観を扇動して今日にいたっていることは周知の事実である。とくに第二次世界大戦で大敗してからは、民主化の名の下に産業化・資本主義化・合理化し、物質的な豊かさを追い求める餓鬼道地獄の道を突き進んでいる。そのために私たち日本人は、あり余る物の豊かさを謳歌する一方で、これまでには想像すらしなかった社会不安や心の問題に遭遇している。その詳細は後述するが、年間を通じて三万人を超える自殺者の数がそれを物語っている。これは現代人の心の荒廃が確実に進んでいる証拠であり、深刻な社会不安の表出である。

このような現代人が抱える憂鬱は、過剰な競争社会が生みだすストレスから生じており、それらは将来に対する不安感など深刻な罪過となっている。ありふれたいい方だが、その背景には「心の世界」に対する軽視あるいは無関心が存在し、仏教伝来から江戸時代まで一三〇〇年の間培われてきた伝統仏教や、その伝統的な宗教性に根ざした心象を日本人が失ってしまったからである。それは日本人の精神文化形成に多大な貢献を果たしてきた仏教文化の喪失を意味する。

一方、このような近代化がいち早く進んだ欧米では、すでにキリスト教文化に根ざした心象が喪失したために、キリスト教の福音による「心の救い」に代わって「心の治療や癒やし」を志向する心理学や精神医学が生まれた。日本でも戦後復興の中で心理学や精神医学が宗教による救いの代替案として普及し、カウンセリングや心理療法などが公的制度の主流になりつつある。

欧米社会にあって宗教的な癒やしや救いの機能が失われたことにいち早く気づき、警鐘を鳴らしたのはチューリッヒ大学の精神医学博士メダルト・ボスである。彼は戦後まもない荒廃したドイツ社会に蔓延した精神的な危機に直面して、多くの人々が教会の司祭に救いを求めず医学的な心理療法にすがるという現象を見のがすことができなかった。また信仰ある司祭でさえ心理学的な訓練を積んだ医師の援助を求めなければならないこともすでに稀ではないと語った。彼はキリスト教の福音が機能していないヨーロッパ社会の脱宗教化を指摘したのである（『東洋の英知と西欧の心理療法』みすず書房、一九七二年）。

また日本では筑波大学名誉教授の精神医学博士小田晋氏が、かつて心身症や神経症の患者の大部分は伝統仏教によって癒やされ救われてきたという。仏教がいままで社会に根づいてきたのは、たんに古典的な伝統や文化遺産の継承ばかりではなく、地域社会の心の病に対する精神治療的な側面をしっかりと担ってきたからである。寺院や僧侶は地域社会の心の安全弁として機能していたのである（『日本の狂気誌』思索社、一九八〇年、Southern California Institute Japan Branch, 1994）。しかし、現代の宗派仏教は世俗化しており、地域社会の心の安全弁としての機能を果たしていない。

じつはこの脱宗教化や世俗化と呼ばれる現象が、現代社会（における仏教界）の宗教機能の喪失につながっている。やがて明らかになるが、日本人の伝統的な心象が失われたところに現代社会の病理が見える。仏教は本来きわめて理性的に、また哲学的に人間存在にアプローチして、身心の問題に対して実践的な洞察をもたらしてきた。それはまさにスピリチュアル・ペイン（Spiritual Pain）を克服して、安らぎへといざなう総合的な営みだった。そのような仏教はいったいどこへ行ってしまったのだろうか。これまで顧みられることのなかった仏教本来のあり方を模索しよう。これこそが瞑想技術としての仏教である。

はじめに、日本人の伝統的な心象が失われた社会とは、どのような社会だろうか。現代社会を譬えてみれば、死ねない社会である。およそ現代人は「元気で、豊かで、長生き」を人生の目的にしており、それを幸せと感じているからである。しかし、この現代人の感覚には一つの無知が潜んでいる。それは私たちの人生が有限だという事実に気づいていないことだ。この限りある人生の中で、私たちは頑張って生きることだけを学び、その納め方を学ばずに走り続けてきた。恐ろしいことに、これまで人生の生き方と同時に納め方を教えていた仏教が、いまでは頑張って生きるためのツールとして扱われている。まさに瞑想すれば心が静まり能力がアップする、お経を読めばお金が儲かる、病気が治るなど、すべてがご利益信心になっている。

死ねない社会とは、それは死を見ないようにしている社会でもある。現代人には死が見えないために、達成感というご褒美を求めて走り続けることができる。しかし、どれほど「元気で、豊かで、長生き」と走り続けても、「生者必滅会者定離」の諺のように、私たちは老いと病をたずさえながら必ず死へと行き着く。そして、老病の歩みを重く感じたとき、はじめて私たちはこの道のりが死出の旅路であることに気づく。これまで一所懸命に積み上げてきた達成感だけでは、死どころか老いも病も克服できずに大きな挫折感を味わう。じつはこの挫折感が現代医療で問われているスピリチュアル・ペイン（実存的な苦しみ）である。死ねない社会では、この挫折感によって多くの患者が深く苛まれている。

終末期医療（ターミナルケア）の現場では、主に末期ガン患者に延命を目的としない緩和医療と精神的な支援によって、スピリチュアル・ペインに対処している。しかし、現代社会は死を見ないようにしている社会だから、必然的に医療の視座は治療可能な生者に向けられる。こう気づくと、スピリチュアル・ペインに苛まれるのは終末期医療患者ばかりではなく、じつは私たち日本人全員である。

また現代医療が死という実存的な苦しみを「宗教的な苦しみ」といわずに、あえて「スピリチュアル・ペイン」と呼ぶのは、日本では宗教や仏教に対する不信感があるからだ。

先に仏教が頑張って生きるためのツールのように扱われているといったのは、仏教がスピリチュアル・ペインを克服する技術として機能していないということである。

とくに僧侶として世間の不信を実感するのは、法衣をまとったままで患者さんと対面してしまったときである。ターミナル・ケアの現場で法衣姿を見た患者さんは、「私はもう長くないんだ」と、それだけで諦めてしまう。そこでは仏教が患者さんのスピリチュアル・ペインを緩和するのではなく、かえって挫折感を増長させているのである。世間にとって法衣姿が縁起の悪いものであれば、それは死そのものが縁起の悪いことになる。まさに現代はこの縁起の悪い死を見ないようにしている社会なのである。

仏教では、こういう死を見ないようにしている現代人の生き方を無知（無明、アヴィドゥヤー）という。生老病死の現実は誰もが知っているが、通常私たちが認識している「死」は、頭の中の観念である。頭の中では、生きていても死んでいても、すべて観念だから実害はない。ところが、いったん病魔におそわれて観念の死と肉体の病気がつながると、死への恐怖心がムクムクと頭をもたげ、「この病気は不治の病だろうか、死とは何だろうか、死後はどこへ行くのだろうか」と、私たちは自分自身の行く末について考え始める。日常、私たちは二人称、三人称の世界に生きているが、この恐怖心によって一人称の自分に出会うことになる。

「死にたくない、しかし、死んだらどこへ行くのだろうか」と、そこでは自問自答がはじまる。じつはこれが瞑想のはじまりである。そこには「観る自分と観られている自分」の識別関係（ヴィジュニャーナ）があるからだ。それは良心の声と呼んでもいいだろう。たとえば、あなたがどこか人通りの少ない場所で、分厚い牛革の財布を拾ったとしよう。それも開けてみると数十万円も入った財布だ。周囲には誰もいない、あなた一人である。そこであなたが辺りをキョロキョロと見回していると、「おーい、何で辺りを見回しているんだ？」と内なる声が聞こえてくる。これが良心の声である。

とくにこの声は苦しく辛い現実に遭遇したときによく聞こえるはずだ。順風満帆のときには、ほおを撫でる心地よい風に吹かれているだけだが、ひとたび逆境におかれたとき、心の中ではどう対処したらよいだろうかと自問自答がはじまる。しかし、多くの場合、この自問自答は自己流でおこなわれ、必ず不都合が生じる。たとえば、皆さんが体調不良で病院の門をくぐったところを想像しよう。そこで主治医の先生が曇った顔で、検査の結果がよくないとあなたに告げたとしよう。すると「もし不治の病だったらどうしよう、やっぱりこれは不治の病だ」と、すぐに自問自答がはじまる。そして、ほとんどの方々はその自問自答によって感情が波だってしまい、問題解決の糸口を発見するどころか、逆に収拾がつかなくなって大いに悩み苦しむ。これが現代医療で問われているスピリチュアル・ペインである。死という観念的な命題をどれほど頭の中で考えても、己心《こしん》の悩みは解決できないからである。

現代では仏教は哲学として扱われるが、実際には仏教が人の悩みや苦しみの解決を目的としている以上、それは哲学ではなく心理療法のはずである。私たちのものの考え方や感じ方など自己認知を転換させることで、辛く苦しい現実を安楽世界へと変えようとするからだ。まさにお釈迦さまがそう試みた結果が仏教になったのである。仏教とは「楽になったお釈迦さまの、楽になるための教えと、その方法」といい替えることができる。

仏教をこのような現代の目で眺めれば、スピリチュアル・ペインを解決するための技術そのものだということに気づく。古徳の言葉にも「病によりて道心はをこるか」（日蓮撰述

『妙心尼御前御返事』十三世紀）と、病気という現実苦によって人は否応なしに自分自身の行く末を考えることが示されている。やがて明らかになるが、仏教は釈尊が教団を草創したころからインド医学（アーユル・ヴェーダ）との関わりが深く、また仏教が伝播するとき大きな力となったのも医療の知識である。二世紀の後漢時代に西域から渡来した安世高《あんせいこう》は、『安般守意経《あんぱんしゅいきょう》』『陰持入経《おんじにっきょう》』『大道地経《だいどうちきょう》』など三十部あまり経典を漢訳した訳経僧として高名を馳せているが、彼には訳経に関する学問的な知識ばかりではなく、仏教生活に必要なインド医学の実際に精通していた。とくに望診（視診）が得意で、身体の様子を診ただけで患者の病気を診断し、薬まで処方して治療していたことが伝わっている（智昇編『開元釈教録』八世紀）。

このように仏教は古来より病を癒やす良薬であった。「生死は病」と考え、仏教はそれを癒やす薬と考えられていた。仏教の修行法は「生老病死の境遇を観察する」（観病患境）ための瞑想技術であり、生死の病を超える治病法として扱われてきたのである（天台大師講述『摩訶止観』六世紀）。

いまスピリチュアル・ペインを克服する技術が、現代医療の中で統合医療や補完・代替医療などを補う技術として大変脚光を浴びている。とくに平成二十一年一月二十九日におこなわれた鳩山由紀夫元首相の施政方針演説で「統合医療の積極的な推進の検討」が表明され、厚生労働省は統合医療への保険適用や資格制度の導入を視野に統合医療プロジェクトチームを発足した。プロジェクトチームは、中国医学やアーユル・ヴェーダ医学、ユナニ医学をはじめ、ヨーガ療法、断食療法、瞑想、磁気療法、オゾン療法、気功といった統合医療の日本国内での実態把握に力を入れている。この現代医学の動向は、明治時代に宗教と医療が分離される以前の仏教文化がささえた養生医療への回帰を意味している。それはまさに現代社会がスピリチュアル・ペインを克服する瞑想技術を求めているからに他ならない。

第二節　社会がスピリチュアリティに気づく

瞑想技術はスピリチュアル・ペインの克服を目的としている。スピリチュアル・ペインを克服することは観念的なことではなく、瞑想によって「救われたという実感」が伴わなければそれは戯論《けろん》である。まさに絵に描いた餅と同じで、ただ眺めているだけではお腹は満ちないのである。

ところが、現代の宗派仏教はこれまで瞑想の哲学的な解明にばかり力を注ぎ、瞑想を体験から解明する道を忘れていた。瞑想体験も哲学と同じように、思想信条の優劣として論じてきた（教相判釈）。観心としての瞑想体験を観念的な経文（教相）によって代弁させてきたのだ。しかし、現代社会では、実際に救われた、癒やされた、という現実感（realty）がとても重要である。その現実感は日本人ばかりではなく、すでに世界中の人々の共通感覚であり、その感覚からスピリチュアリティ（霊性）という言葉は発信されている。

ここでスピリチュアリティについて説明しておこう。それは「私は救われた」という一人称の現実感だから、私たちの心身の状態だということはおよそ察しがつく。このスピリチュアリティという言葉は世界的なブームになっているが、そこにはWHO（世界保健機構）が大きく関与している。

一九九八年に世界の医師や医学会の元締めのようなWHO委員会が、「健康の定義」を新しく見直すよう提案したことに由来する。当時、WHO事務総長は中嶋宏氏（在任期間一九八七〜一九九八）という日本人だった。その提案とは、これまでの「健康とは、たんに疾病または虚弱でないばかりではなく、身体的、精神的および社会的に健やかな状態（well being）である」という定義を、「健康とは、（中略）身体的、精神的、社会的および霊的（宗教的spiritual）にダイナミックに健やかな状態である」と改めようというものである。その翌年の一九九九年の総会では「事務総長のレビュー（評価）の下におく」として討議の議題から外されたが、この提案が世界に与えた衝撃はとても大きかった。これ以降、スピリチュアリティ（霊性）なる言葉は、あっという間に世界中を席巻した。このスピリチュアリティという言葉は、いままで宗教者が宗教の立場で用いていた言葉だったが、それを医療科学を標榜するWHOが討議したからである。

このスピリチュアリティについて、禅文化を海外に広く知らしめた近代日本最大の仏教者と称される鈴木大拙師は、その著書『日本的霊性』の中で次のように述べている。人間とは物質と精神という二つで成り立っていて、しかもこの二つは絶えず矛盾している。このように絶えず矛盾している物質と精神を背後から支えているものがスピリチュアリティである。人間の肉体と心の関係は「肉体は滅んでなくなるのに、精神的には永遠に生き続けたいと思う」というように絶えず矛盾している。しかし、私たちが日常生活の中で死の恐怖に苛まれないのは、私たちはスピリチュアリティに支えられているからだ。生死の矛盾に何らかの折り合いを付けて生き続けていられるのも、このスピリチュアリティのお陰だというのだ。そして、このスピリチュアリティに気づくためには、矛盾する物質と精神（心身分離）を統一する瞑想技術が必要だというのである。

余談だが、数年前に教誨師として、死刑判決を受けて苦しんでいる拘置者と面会したことがある。三十五歳の彼は「死にたくない」と死を恐れていた。死刑を宣告されても、今日明日すぐに執行されるわけではない。しかし、彼は居ても立ってもいられない気持ちで一杯だった。人は理性的に「自分の死」を知ってはいるが、痛い痒いなど具体的な心身分離のストレスにさらされない限り、自分が死ぬ存在だということには気づけない。これが生死の矛盾に何らかの折り合いを付けているということである。

このスピリチュアリティの気づきは重要なことで、宗教界や仏教界だけの話ではない。医療保険政策をはじめ精神医療政策や教育政策などの政治行政においても同じである。すでに社会保障も社会福祉も破綻寸前である。物の豊かさを追求する資本主義の経済社会に限界がきており、いま世界の先進各国はポスト福祉国家への道を確実に歩み続けている。過酷ないい方だが、世界中のみんなが「元気に・豊かで・長生き」が幸せという社会目標はすでに実現不可能で、「短かったがいい人生であった」というスピリチュアリティの気づきが求められているのである。

このようなスピリチュアリティに気づく技術が、これまで宗教や仏教と呼ばれてきたものである。このスピリチュアリティをＷＨＯが健康の定義に入れようと考えたということは、スピリチュアリティがもはや非科学的な言葉ではなくなったと同時に、人は科学的な知識だけでは生きられないということである。それはスピリチュアリティを健康概念の中に入れなければ人間の存在は成り立たないことに気づき、人間を「肉体・精神・魂」の三つの全体として見るスピリチュアリティが受容された瞬間である。

ところで、ＷＨＯが提示した健康（Health）という言葉を仏教用語のサンスクリット辞典であたると、「スヴァ・スタ」という単語が見つかる。「スヴァ」は「私・そのもの」の意味、「スタ」は「存在する・住する」の意味である。スヴァ・スタとは「自己に安住する、悩まされていない状態（自己存在）」ということだ。ちなみに、このスヴァ・スタは、漢文の経文では有名な『妙法蓮華経』に、「安穏にして快き存在」（安穏快楽《あんのんけらく》）、また「もろもろの患《うれい》なき存在」（無復衆患）と翻訳されている（SIR MONIER-WILLIAMS, *Sanskrit-English-Dictionary*, Oxford, 1899, 鈴木学術財団『漢訳対照 梵和大辞典』講談社、一九八三年）。

このように理解すると、まさに釈尊が大愛道と呼ぶ仏教は、このスヴァ・スタ（自己存在）の基盤を追求する技術、スピリチュアリティに気づくための瞑想技術である。それこそＷＨＯの健康の定義「肉体に病気がないばかりではなく、身体的、精神的、社会的、霊的な健やかさ」までも含めた全人的な健康を目指していることが分かる。自己存在の基盤である安穏快楽・無復衆患と出会っていれば、その人は恐れるものを持たないために、常に心身は健康的に保たれる。これこそが仏教文化としての養生医療のあり方であり、それは心身を統一する瞑想技術を前提として成立しているのである。

いまこの「物質と精神の二元論を止揚するスピリチュアリティ」の構図によって、分離されていた医療と宗教の再統合・再協力がおこなわれようとしている。二〇〇七年に厚生労働省が指導する形で「日本統合医療学会」が設立され、近代の西洋医学界では治療不可能といわれる症状に対して、伝統医学や相補・代替医療の研究がおこなわれているのである。

第三節　心身分離の社会に蔓延る難病や奇病

現代ではさきのように僧侶が法衣姿で病院に出向けば「縁起が悪い」と疎まれたり、昨今取りざたされている臓器移植法の問題や、年間三万人を超える自殺が十三年以上も続くなどの異常事態に対して、仏教の社会的な影響力はまったくないに等しい。これとは裏腹に欧米の医療界には、チャプレンと呼ばれるキリスト教聖職者が病院などに常駐しており、たんに患者の悩みごとを傾聴するだけではなく、より積極的なスピリチュアル・ケア（宗教的な癒やし）までおこなわれている。

明治時代にあっさりと禁止された寺社における養生医療の実際は、加持祈禱、薬湯、護符（呪い符）ばかりではなく、坐禅の瞑想（禅三昧）、読経の瞑想（読経三昧）、念仏を唱える瞑想（念仏三昧）、お題目を唱える瞑想（題目三昧）など各種の瞑想技術によって、私たちの心と身体の分離から生ずるさまざまな神経症的、心身症的症状を改善していた。まさにその時代には瞑想技術が心理療法としての機能を果たしていたのである。

現代医学の最前線は、対症療法からホリスティック（全人的）な医療を標榜し、さらには統合医療へと移っているが、じつにそれは生活習慣病（ストレス疾患）の蔓延によって、医療の国庫負担が増えているためだ。とくに統合医療は西洋医学に代替医療を加えることによって、病気の早期発見や予防、根治、健康維持の増進などを目指すとともに、医療費の削減効果が期待されているからである。

たしかに現代医学によって感染症をはじめとする多くの病気が撲滅され、乳幼児の死亡率が激減したために日本人の平均寿命は男女共に世界一で、男性七十九歳、女性八十五歳（平成二十三年）になっている。しかし、その一方では病気とは呼べない病気、心筋梗塞や脳卒中などの引き金となるメタボリック・シンドローム（内臓脂肪症候群）の予備軍などが急増して、現代人の多くが病気ではないが健康とはいえない状態になっている。日本の総人口一億二八〇〇万人の内で、何と十五パーセントの一九二〇万人が生活習慣病に冒され、さらに予備軍まで入れれば五〇〇〇万人に及ぶ。生活習慣病は糖尿病、脂質異常症、高血圧・高尿酸血症など、生活習慣が発症原因に深く関与している疾患の総称である。これらの症状や病気が複合すると、これが世間的に「メタボ」などと略称されるメタボリック症候群となり、ガン、脳血管疾患、心臓病の三大死因の主な要因である。

この生活習慣病が蔓延する背景には、死ねない社会の中で、どうしても勝ち組になって生き残らなければならない競争社会が作りだす高ストレスがある。近ごろはこのストレスによって作りだされるのは生活習慣病ばかりではなく、原因のよく分からない難病まで生み出されているという。厚生労働省がきちんと定義までつけている「難病指定」の病気では、病名はつけられているが、原因がよく分かっていないために治療法すら確立していないものがある。そして、このように治療法の確立していない病気に、「最近めだって増えている病気」という条件をつければ、それはまさに現代病とも、文明病とも呼ばれる病気である。競争社会のストレスが作り出してきたこの病気を少し眺めてみよう。

はじめにアトピー性皮膚炎、花粉症、気管支喘息などのアレルギー性疾患である。この中でとくに有名なのが季節性のアレルギー性鼻炎・結膜炎のアレルギーなどの花粉症がある。それは杉花粉が原因だ、いや車の排気ガスだ、などとハッキリしていない。しかし、このアレルギー性疾患の原因が分からないといっても、世界的には日本のような先進工業国がもっとも多く、また非工業国でも都市化したところに多く発症しているため、それは文明化よるライフ・スタイルの大きな変化が原因として疑われている。

さらに拒食症や過食症など摂食障害に多くみられるのは「ヤセ願望」で、禁欲的な食生活を続けていくうちに、我慢できずに過食へと移行していくパターンである。スリムな身体を賛美する現代社会の風潮によって誘発されていることは間違いない。しかし、同じようにダイエットしても、この病気になる人とならない人がいるのは、心の問題が関与しているからである。乳幼児期における母親とのスキンシップを介した安心感の獲得に何らかの問題があることは分かっている。

また摂食障害ほど有名ではないが、顎関節症《がくかんせつしょう》という、口を開けたり噛んだりするときに、あごの関節から雑音がするなどの不定愁訴にはじまり、やがて痛みが進んで口が開けられなくなる病気である。これは女性が男性の三倍、十代の後半から増えはじめ、二十代から三十代の比較的若い層に多い。通常あごの関節や歯にかかる力は、咀嚼《そしゃく》の筋肉によって最大八十キログラム範囲内であり、歯やあごが壊れない程度に制限される。しかし、睡眠時などにストレスの影響で歯ぎしりなどをくり返すと、その最大限八十キログラムの数倍を超える力がかかり、この症状が起こる。

そして、最後の極めつけは、全国で二〇〇〇万人が苦しむという過敏性腸症候群である。軽い症状から重い症状まで千差万別だが、最近テレビ・コマーシャルで「出勤途中の車内で下腹の痛くなるシーン」がよく流れているのがその緩和剤である。この病気も女性が男性の二倍前後で、とくに知的な仕事に携わる人に多く、近年非常に増加している。そもそも腸に張りめぐらされた神経は、その精密さによって「リトル・ブレイン」とも呼ばれ、脳はこの神経が発達してできたという学説があるほど、腸は脳との関係でストレスの影響を受けやすい。このストレス性の腸の病気は、検査を受けてもその時点では異常が見つからないので手の打ちようがない。

これらの病気は現代医学では難病や奇病として扱われ、受診できる医療施設は限られている。摂食障害の治療を専門にするある病院の外来では、常時四〇〇人以上の患者を抱えていて、新規の患者は二年も待たされるという。顎関節症の専門医療機関も少ないばかりか、有名な施設には患者が殺到している。また過敏性腸症候群では、病院で受診して一応の検査を実施しても異常なしで処理され、患者の多くは途方に暮れているという。近年急増してきた病気によって診療態勢が整っていないこともあるが、身体だけを診て「こころ」

を十分に診ようとしなかった現代医療の欠点が露呈しているのである。

とくにアレルギー性疾患の場合は、花粉症や気管支喘息ではアレルギー物質が見あたらなくても症状が出るところから、心の問題に大きな要因があることが分かっている。現代社会は情報過多の時代といわれ、情報通信技術で社会環境は大きく変化し、その情報革命によって人間の内部環境（こころ）も大きく影響を受けている。パソコンを使うことは一見すると、頭脳がパソコンを使いこなしているように見える。しかし、単純にワープロで文章を書いているときでも、外部情報であるパソコンからの情報の受け手は脳神経系である。そこにはインプット・アウトプットの相互関係が存在するから、「こころ」に影響が出るのは当然である。さきに現代医学は病気の治療のみを目的とするといったが、メンタル・ケアが軽視されたことで患者がどれほど体調不良を訴えても、検査によって病気が発見できなければ現代医療は病気ではないと考えるようになっている。

私たちの日常生活を思い浮かべてみよう。このところあまり体調がよくないと感じたとき、誰もが近隣の病院を受診する。そこで「とても体調が悪いのです」と訴えても、医師は血液検査などのデータで異常が発見できなければ、「ご安心ください、それは病気ではありません、大したことはありません」と、不調を訴える私たちにつれない診断をくだす。しかし、「どうしても体調が悪いのです」と訴えれば、医師は心の中で「それは不定愁訴なんですね」とつぶやきながら、口では「現代社会はストレスフルですからね」と精神安定剤を処方して一件落着となる。このように私たちの体調不良の訴えは、それはあなたの気分の問題、不定愁訴というよく分からない「こころ」の錯覚だとして、精神安定剤などの向精神薬によって誤魔化されてしまうのである。

現代の難病や奇病は、向精神薬などによって誤魔化された「こころ」の造反、不定愁訴という「こころ」の危険信号を無視してきた結果だと考えられている。現代医学は体調不良の原因を探してみたものの、データにならなければ病気ではないといい続け、体調不良を訴える私たち（こころ）を診てこなかった。このような人間の観念化こそが、スピリチュアリティの喪失につながっている。いまの現代医学は統合医療として西洋医学に代替医療を加える形で、スピリチュアリティに支えられた養生医療へと回帰している。その中心課題が心身を統一する瞑想技術である。

第四節　日常にかいま見える心身分離の苦悩

養生医療を簡単にいってしまえば、病気になりにくい生き方、病気になったら治りやすい生き方のことだ。それは着衣喫飯の日常生活でどのように心の健やかさを保つかである。お寿司屋さんの湯飲みに「腹は立てず　心は丸く　気は長く　己小さく　人は大きく」と、「腹」という漢字は横になり、「心」は丸く、「己」は小さく、「人」は大きく書かれている。まさにあれが養生でメンタル・ケアを重視する医療である。それは現代の心理療法そのものので、病気の原因は私たちが日常生活で経験するさまざまなストレスであり、それを瞑想技術によって心身を統一することで解消するのである。

一昔前といっても、江戸時代までは食事事情がきわめて悪く、一般庶民は医療どころではなく慢性的な栄養失調に苛まれていた。さらに衛生状態も悪いために罹患率は高く、平均寿命は二十七、八歳だった（立川昭二『江戸病草紙』ちくま学芸文庫、一九九八年）。現代では感染症をはじめとする多くの病気が克服されて日本は世界的な長寿国になったが、その内実は病気とは呼べない病気、病気ではないが健康とはいえない人々が満ちあふれている。これは競争社会がエスカレートしているために、社会の早さに私たちの「こころ」が追いつけない、心身分離の高ストレスにさらされているからである。

　この高ストレスが生みだす生活習慣病や、手の打ちようのない難病や奇病の他に、それこそ想定外の病気の一つに腰痛がある。まさか腰痛がと思う方もあろうが、これもストレス疾患である。年間三万人を超える自殺者の多くは、うつ病の病態によって自殺へと追いこまれる。しかし、軽いうつ状態のときには腰痛や首の痛みを訴えて町の診療所などで受診することが多い。そのとき適切にうつ病の予防策を講じていれば自殺は防げるという。現代とはちょっとした腰痛なども「こころ」の問題として扱われる時代である。この腰痛の発生原因をストレスから眺めれば、腰痛は先進工業国ではもっとも多い苦痛の一つで、およそ八十パーセントの人に腰痛の経験があるというほど一般的なものである（ＮＨＫスペシャル『病の起源』３「腰痛――それは二足歩行の宿命か」。二〇〇八年十月五日放映）。腰痛は二足歩行する人間にかせられた宿命ともいわれるが、自然界で生活していればそれなりに順応できていた。現代でもアフリカの狩猟民族には腰痛という言葉がないという。しかし、この近代化のスピードに生物的な順応が追いつけないのだ。近代化は私たちに長寿をもたらしたが、同時に社会機構や人間関係がより複雑になり、そこで生みだされる心身分離のストレスは私たちの心と身体に過大な負担となっているのである。

高ストレスな生活環境に生きる私たちは、「元気に・豊かで・長生き」が幸せという社会目標に順応しながら、一所懸命に学び、かつ働いている。そのため十分な休養や休息をとる暇がなくなり、長時間にわたって常にストレスにさらされる。しかし、本人は社会的な正義の名の下に働いているから、「今日は疲れたので休みたい」という身体からの危険信号は抑圧され、「疲れた、休みたい」という声は聞こえなくなる。じつはこれが心身症という、心によって身体が病んでしまうストレス疾患の典型である。

このような精神的なストレス反応を背景として、急性腰痛になるビジネスマンの多くは、感情や肉体が処理できる限界を超えた精神状態に追いこまれている。それは会議資料の締め切り、長期にわたる出張などの競争社会の荒波にさらされることである。じつはこの腰痛こそがストレス反応に対する身体からの抗議であり、また私たちの「心のスピードをスローダウンさせてくれ！」という要求そのものだ。それはたんに腰の痛みが解消すればよいのではなく、その戦士的生き方に対する転換要求である。まさに腰痛もストレスが要因になっているのである。

さらに厳密にいえば、生体に加わる刺激がストレッサーとなって生じる一連の生体反応が、一般的にストレス反応と呼ばれるものだ。このストレス反応は、脳内の生命中枢である「視床下部→脳下垂体→副腎皮質系」を介して、より広汎な中枢神経系の変化（全身反応症候群）を引き起こす。そのストレス反応として生体に生じる変化は、消化管での潰瘍発生や、胸腺・リンパ節の萎縮による免疫力の低下、副腎皮質の肥大による交感神経の機能亢進などで、それはたとえストレッサーの種類が異なっても、同じように起きる。

また逆に同じようなストレッサーでも人によってストレス反応が異なり、ある人はストレスによって胃腸などの消化器系の反応（胃潰瘍や大腸炎）となったり、ある人は心臓循環器系の反応（高血圧はもとより脳血栓から心筋梗塞まで）となったりする。その差が生じているのは遺伝的な要因、年齢、性差などの内的条件づけと、ホルモンや薬物処置、大気汚染・社会的影響などの環境要因などの外的条件づけで、この二つによって最終的なストレス反応が決まるのである。

このように日常にかいま見える心身分離の苦悩を生き抜くためには、瞑想技術によって日常生活で経験するさまざまなストレスをコントロールすることである。

第五節　養生医療から見た病気の発生原因

ここで養生医療の世界で考えられる病気の発生メカニズムを概観しよう。養生医療は私たちの日常的な生き方や、「こころ」のあり方などのメンタル・ケアを重視する医療である。それは現代の心理療法に通じるもので、病気の原因は私たちが日常生活で経験するさまざまなストレスである。

少し専門的な話になるが、この精神的なストレスと心身の反応には、心身症患者の性格特性と呼ばれる三つのパターンがある。一つにはアレキシサイミア（Alexithymia）、失感情症・失言語化症と呼ばれる反応で、精神的なストレスによって「身体的な快・不快」が抑圧されて意識化できないことである。二つにはアレキシソミア（Alexisomia）、失体感症と呼ばれる反応で、精神的なストレスによって「感情的な快・不快」が抑圧されて意識化できないことである。三つには過剰適応（Over Adaptation）と呼ばれる反応で、事事物物の是非に過剰にこだわることである。

一　ハンス・セリエ博士のストレス学説

ここでこのような病気の発生原因となるストレス反応を理解するために、ハンス・セリエ（Hans Selye、一九〇七〜一九八二）博士のストレス学説、汎適応性症候群（General Adaptation Syndrome＝G.A.S）を解説しよう。専門的なことだが、瞑想技術の理解に役立つのでおつき合い願いたい。

まず汎適応性症候群が何かといえば、これはストレス反応を引き起こすストレッサーが加わったとき、私たちの生体がどのように反応するかを二つの視点から見たものだ。一つは胃腸管、胸腺、リンパ節、副腎などの臓器の変化、もう一つはストレッサーが継続的に加えられたときの生体反応の変化である。セリエによれば、その結果として反応の時期が、①警告反応期、②抵抗期、③疲はい期の三つの時期に分類できるという。

①警告反応期（Alarm Reaction）

生体が突然ストレッサーにさらされたときに示す状態で、さらにショック相と反ショック相の二つに分かれる。

まずショック相（Stage of Shock）とは、突然ストレッサーにさらされたために生体がショックを受け、体温、血圧、血糖値の低下、さらに神経系統の活動が全般的に抑制され、筋肉の緊張は低下し、血液は濃縮され、胃や十二指腸などに潰瘍ができる。これに生体が耐えられなければショック死という急性の症状が引き起こされる。

次に反ショック相（Stage of Counter Alarm）とは、生体がこの突然のストレッサーに耐えながらも、さらにそのストレッサーが持続すると、生体はこのショックから立ち直ってくる。するとさきのショック相とは反対の生体反応が起きてくる。体温、血圧、血糖値が上昇するなど、神経系は活動を始め、筋肉の緊張も増して、ストレッサーに対して抵抗力がつく。そればかりか他のストレスにも抵抗力がついてくる。

②抵抗期（Stage of Resistance）

さきの①「警告反応期」の反ショック相で、一応ストレッサーに対して抵抗力が増し、生体が安定した反応を示す時期である。ストレッサーと生体との間でバランスが取れていて同じようなストレッサーには抵抗力が強くなっているが、他のストレッサーに対する抵抗力は弱っている。

③疲はい期（Stage of Exhausion）

さらにこのストレス状態が長く続くと、生体はもはやそれ以上の適応状態を維持できなくなり、ついに破綻する時期がやってくる。これが疲はい期である。生物が適応するために費やすエネルギーには自ずと限度があるため、あまりにも長い期間ストレッサーが続くと、耐えきれずについに破綻するのである。この疲はい期は、①「警告反応期」のショック相に似ている。神経系統の活動は全般的に抑制され、胸腺やリンパ節は萎縮し、副腎皮質の肥大し機能は低下する。場合によってはこの段階で死にいたることもあるという。

二　キャノン博士の緊急反応

さらにこのストレス学説を、怒り・恐れ・喜び・悲しみなどのように、比較的急速に引き起こされ、一時的で急激な感情の動き（情動）を刺激として生ずる自律神経の交感系の活動として説明したのが、キャノン（W. B. Cannon、一八七一～一九四五）の緊急反応（Emergency Reaction）である。事故などで大量出血したとき、回避できない強い敵に出会うとき、怒りや悲しみなど、さまざまな情動行動が起こるときには、交感神経系（興奮を脳などに伝える神経）の機能が高まっていることが多い。キャノンは、この反応を個体が危険にさらされたとき、「闘争あるいは逃走（Fight or Flight）」するための身体の準備状態、「緊急時反応」と考えたのである。

このとき交感神経系の活動全般が増加し、副腎からの交感神経を賦活《ふかつ》するアドレナリンの分泌量が増加する。すると心拍数と心拍出量の増加や、血圧の上昇、皮膚および内臓血管の収縮と骨格筋血流の増加、呼吸数の増加、血糖値の増加、手足における発汗、立毛などが起きる。このように私たちの身体のエネルギー源を総動員して、血液を体表面および内臓から活動する骨格筋へと再分配し、闘争または逃走に備えているのである。

この学説のままではなかなか理解できないので、具体的に競争社会に生きる私たちと対比してみよう。私たちに心身分離が起きるのは、ストレス・マネージメントが上手におこなわれていないからである。私たちが競争社会のストレスにさらされているとき、通常それが過度になると不快な気分として意識される。そのときこれを回避するために、そのストレスから遠ざかればストレス・マネージメントは成功するのである。しかし、人は一人でいても、人間と書いて「ひとのあいだ」と表現されるように、その人間関係の狭間でなかなかストレスから逃げ切ることはできない。

とくに競争社会に職業人として生きる以上、この逃げられない関係から生じるストレスは日常茶飯事である。たとえば、あなたが会社に出勤したときに、若年の上司に叱りとばされたとしよう。そのとき、あなたがフツフツとわき上がる怒りの感情を押し殺して上司の言葉を聞いている姿を思い浮かべてほしい。そこでは感情にまかせて怒鳴ってしまおうか、場合によっては上司の胸ぐらをつかんで殴ってやろうか、とさまざまな感情が揺れ動いているはずだ。

このとき、あなたの押し殺している怒りの感情は、身体の生理的な情動反応として交感神経系を優位にさせ、まさに戦闘モードへとスライドしている。これは爆発的にエネルギーを消費して逃げるか、それとも戦おうかと身構えている状態である。とっさの行動に備えて心拍数は増え、血圧を上げ、血中の血糖値は増加し筋肉へと運ばれている。さらに怪我による出血に備えて、末梢の血管が収縮し血液中の血小板などが増えている。ここまで話せば、この血圧と血糖値が高くなり、血液がドロドロで固まりやすいストレス反応の状態は、まさに生活習慣病の血液状態と同じだということにお気づきの方もあるだろう。

このようにストレス反応によって、身体の戦闘モードのスイッチが入ってしまうと、そのエネルギーは、逃げるか、戦うかの行動によって消費されなければ、解消されないのである。しかし、職場では逃げることも、戦うことも許されず、そのエネルギーは押し殺されたまま「それは私の責任です」と、高い血圧と血糖値、血液ドロドロのままで生理的なエネルギーは抱え込まれてしまう。

とくに高い血糖値が脳で感知されると、すぐ膵臓からインシュリンが放出され、血糖は体脂肪として身体へと蓄えられ血糖値は下がるが、これが繰り返されると、体脂肪は増え続けてメタボリック・シンドロームへと陥っていく。そして、心理的にも上司との感情的な確執を抱えていては仕事に支障が出るので、心理的な機序によって感情的に不都合な情報は無意識へと抑圧される。その不都合な感情は本人には意識化されずに、内心では生き続けているのである。これが競争社会の実態であり、ストレス疾患としての生活習慣病の実際である（『統合医療 理論篇』『統合医療 実践篇』日本統合医療学会認定試験準拠教材［基礎と臨床］改訂版、日本統合医療学会刊、二〇一二年）。

三　心身相関のメカニズムとホメオスタシスの三角形

このような「ハンス・セリエ博士のストレス学説」や「キャノン博士の緊急反応」にみられるストレス反応は、心身相関のメカニズムと呼ばれており、図示すれば次頁のような構造になる。

以上の構図にみる「(1)自律神経系（自律神経系機能）、(2)内分泌系（脳下垂体）、(3)免疫系（免疫機能）」の三つは「ホメオスタシスの三角形」（The Triangle of Homeostasis）と呼ばれて、ストレスが原因で起きる病気（ストレス疾患）の発生メカニズムの最重要ポイントである。ホメオスタシスとは、体温、心拍数、血圧や免疫など生体の状態を一定に保とうとする恒常性機能のことである。

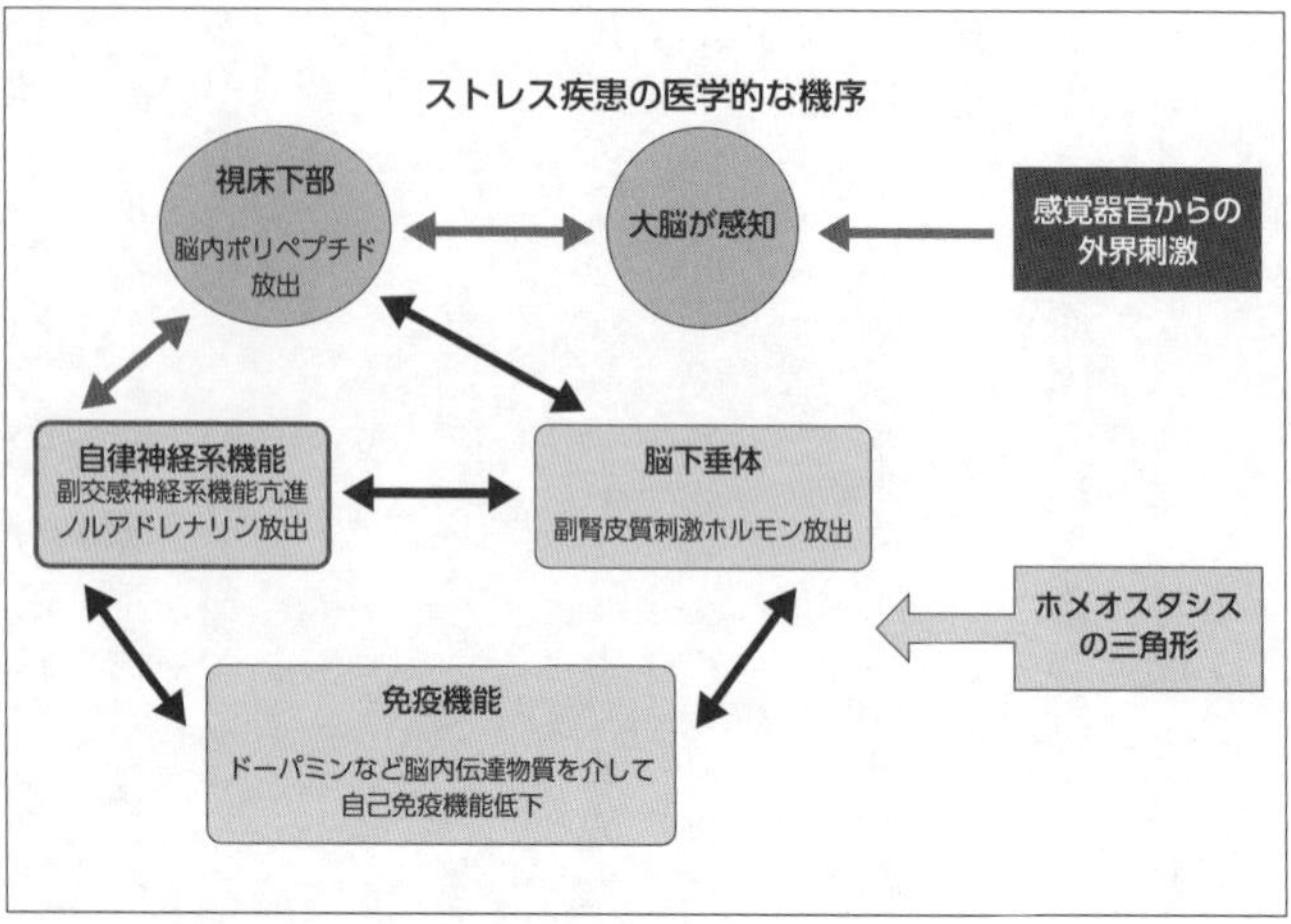

ホメオスタシスの三角形

このようなホメオスタシスの三角形が正常に保たれないとき、ストレス疾患が発症するのである。まさに現代社会はこのホメオスタシスの三角形を崩す社会環境、生活環境となっている。現代の競争社会には厳しい生存競争、神経過敏の状況、完全主義、達成目標の設定などの過剰な反応状況が存在するために、このままでは本来の調和した状態、健康な状態に戻れないという事実がある。それが身体症状をともなうストレス疾患や精神的な訴えの強い神経症、ならびに神経症領域の病気の蔓延につながっている。現代社会の全体が心身症領域の症状をもつ人々で満ちあふれ、さらに精神疾患の多発、不安神経症、パニック障害、摂食障害をはじめ、治療法が確立していない難病奇病までも増え続けていることはさきに示した通りである。

第六節　煩悩が心身分離社会を生みだす

これまでの経緯で、すでに社会問題となっている生活習慣病などの原因が、心身分離社会のストレスにあることが分かった。しかし、じつはこの心身分離社会は私たちの煩悩が生みだしていることが社会疫学（Social Epidemiology、一人々々の人間よりもマクロな世界に着目し、健康に影響する社会的な因子を明らかにする学問）の調査研究で明らかになっている。

煩悩とは仏教用語で貪瞋痴《とんじんち》の三毒（貪り、怒り、愚かさなどの否定的な心の動きのこと）だが、この煩悩が心身分離社会の原因であるというのである。これまで心理療法的な意味では、個人の心の問題が病気の原因となることは科学的に分かっていた。さきのメダルト・ボス博士や小田晋博士の報告は、宗教と心の問題を論じたものである。さらに有名なところでは、オーストリアの精神医学者ヴィクトール・フランクルの報告がある。第二次世界大戦中、ユダヤ人であった彼はナチスによって強制収容所に送られた。さらに両親や妻や子供まで虐殺されるというストレスの中で彼が直感したものは、人間には人生の肯定的な意味が必要であるということだった。強制収容所にあっても希望をもてた人々が生き延びたという事実である（『夜と霧』池田香代子訳、みすず書房、二〇〇二年）。

またユダヤ系アメリカ人の医療社会学者アーロン・アントノフスキーの報告がある。彼は戦前のナチス・ドイツのアウシュビッツ強制収容所などに収監された被害者の強いストレスと健康状態と寿命を調査した結果、収監された多くの人々は、強いストレスによってその後病気がちな人生をおくり、その寿命も短かったという。しかし、その中には通常より健康的に人生をすごした長寿者もいた。長寿者にはストレスに強いという個性があった。長寿者たちは、強いストレス下でも自身の境遇を「なぜ私だけがこんな目に遭わなければならないのか」などと否定的に捉えることなく、「これは神様が与えたもう試練である」「以前も何とかなったのだから、今回も何とかなるだろう」と首尾一貫性感覚（Sense of Coherence）によって、肯定的に捉えられたからだという（『健康の謎を解く』山崎喜比古・吉井清子監訳、有信堂高文社、二〇〇一年）。

ところが、社会学的な意味で、競争心や欲望など仏教でいう煩悩によって過剰な競争社会が生みだされ、その心身分離のストレスによって人々の心と健康が蝕まれていることが明らかになってきたのだ。はじめはロンドン大学疫学・公衆衛生学教授のマイケル・マーモット博士の指摘である。彼は世界保健機関の健康の社会的決定要因委員会議長を担当するなど、この分野の先駆的研究者で、二〇〇六年日本公衆衛生学会に招かれ記念講演をしている。彼はイギリスの国家公務員の階層社会を調査研究した。イギリスの国家公務員は郵便配達から高級官僚まで全体として福利厚生に恵まれている。その学歴と疾病の関係では、驚くべきことに、高学歴ほど疾病率が低く、健康的な生き方をしているという事実が判明した。それは単調な仕事に甘んじて生きるより、自分の裁量の範囲でも企画立案するなど創造的に生きる方が健康的だというのである。人間の健康には生き甲斐など自己実現の可能性、いわゆる心の自由度が大きく関与していることが分かったのである（『ステータス症候群』鏡森定信、橋本英樹監訳、日本評論社、二〇〇七年）。

現在、このような研究調査は世界保健機関を中心として積極的におこなわれている。諸悪の根源はストレスであり、人類は豊かさを追求するために高ストレスを抱え込んでいるといわれている（リチャード・ウィルキンソン、マイケル・マーモット『健康の社会的要因――確かな事実の探求』第二版、高野健人監訳、東京医科歯科大学大学院健康推進医学／国際保健医療協力学会、二〇〇四年)。日本では日本福祉大学の近藤克則教授が、社会疫学的なコホート研究(Cohort Study)を駆使して健康格差社会を調査した結果、高ストレスの社会的な要因は競争社会にあるという事実を指摘している。たとえば、多くの人々に年収三〇〇万円と六〇〇万円ではどちらが幸福に見えるかと質問すれば、そのほとんどは年収六〇〇万円と答えるだろう。しかし、年収六〇〇万円でも周囲の人々がそれ以上の高所得者ばかりであれば不健康になりやすく、また年収三〇〇万円でも周囲の人々が同程度かそれ以下であれば、健康的に生きられる。健康格差は年収の増減ではなく心の問題だというのだ。格差社会が拡大すればするほど、低所得者ばかりではなく高所得者も疾病率がはね上がるのである。健康格差は「人間関係」や「心理的ストレス」によって左右されるからである。

さらに社会的、経済的に地位が低い層には抑うつが多く、抑うつは虚血性心疾患などのリスクとなる。また心理的ストレスは相対的に立場が低いことでも起こり得る。「リストラされた者だけでなく、かろうじて残った者も次は自分かもしれない」という心理的なストレスにさらされる。正社員で残った者も、無言の圧力や将来の不安から「自主的に」長時間労働をするようになり、これが長期にわたれば、最低所得層より上に位置する者にとっても健康によいはずはない。ストレスがホルモンの慢性過剰分泌、心拍数の増加、交感神経優位の状態を生みだす。ハラハラ、ドキドキという心理的な要因によって免疫力低下を招くからである（『健康格差社会――何が心と健康を蝕むのか』、医学書院、二〇〇五年、『健康格差社会を生き抜く』朝日新書、二〇一一年）。

いかがだろう、社会学的な意味で、仏教のいう煩悩によって競争社会が生みだされ、人々の心と健康が蝕まれていることが明らかになった。これによって瞑想技術の社会的な要請が位置づけられた。まさにキーワードは「心身分離を克服する瞑想技術」である。

第二章　瞑想技術と仏教生活の具体的なポイント

これで現代社会に蔓延する諸悪の根源が欲望（煩悩）であることが分かった。心身分離の現代社会に生きる私たちは、あたかも視野を制限するブリンカー（blinkers）をつけられた馬車馬のように、「元気で、豊かで、長生き」というニンジンを餌に走り続けてきた。そして、行きついた先で物の豊かさと引き替えに、病気ではないが健康ともいえない状況に陥ってしまった。まずは理屈を抜きにして、瞑想技術によって心身分離を克服して、健やかな心と身体を取り戻す道を明らかにしよう。

まず瞑想技術を身につけるには、欲望の実態を知ることである。欲望といってしまうと何か漠然としていてつかみ所がないが、私たちは良きにつけ悪しきにつけ、この欲望に気づいたときに自分自身の姿に気づく。たとえば、さきの不治の病の話を思い起こしてほしい。「もし不治の病だったらどうしよう、やっぱりこれは不治の病だ」という自問自答である。この場合は、いつまでも生きていたいという欲望によって死の不安が生まれ、死にたくない自分に気づく。しかし、その死にたくない自分は不安という観念であって、実際の自分ではないにもかかわらずストレスとなって心と身体に悪影響を及ぼす。これによって心身分離の状態が生みだされるのである。これが欲望の実態、この私という観念そのものである。

瞑想技術とは、この「私」の観念化をコントロールすることで心身統一を促す技術である。観念化をコントロールするとは、頭の中で「ああでもない、こうでもない」と考え続けている思考の連鎖を止めることである。思考の連鎖が止まれば欲望もなくなり、ストレスも消えてなくなるのである。心身分離を克服して健やかな心と身体を取り戻そう。これからその実際について解説しよう。

第一節　感覚で悩みに気づく

さきに「病によりて道心はをこるか」と古徳の言葉をあげたが、人は病気などの現実苦に遭遇すると否応なしに自分自身の行く末を考える。同じように瞑想技術によってスピリチュアリティに気づくには、本当に悩んでいる自分自身に気づくことが先決である。ここでその悩みを解決するには「瞑想技術によって、矛盾する物質と精神（心身分離）を統一することだ」といえば理論的には納得できる。しかし、実際には論理そのものが観念的な欲望（理解したいという欲求）だから、理論で納得できても心も身体も健やかにならない。

健やかになるためには、まず自分が感じている悩み（感情）を理論的に追求しないことである。悩みの原因が理屈によって理解できても、悩みは解決できないからだ。私たちは悩みに支配されると、その原因を探しはじめ、行きつく先は自分以外の誰かが原因で、必ず「あいつが悪い、こいつが悪い」と感じる。しかし、悩んでいるのは常に自分自身である。極端なことをいえば、頭上から落ちてきた石にあたって怪我をしたとき、その落ちてきた石を責めても痛みは止まらない。観念的なことより、怪我の治療が最優先ということだ。仏教には、哲学的な議論は救いにならないという有名な「毒矢のたとえ」がある。*

*「毒矢のたとえ」（中部経典六三）
この世のあり方について、哲学的に納得しないうちは修行に励もうとしない青年に、お釈迦さまが説いたものである。ある時、人が毒矢に射られたとする。しかし、その人が、駆けつけた医者に対して、「この矢を射たのはいったい誰か、その弓はどのようなものか、弦《つる》は何でできているのか、などが分からないうちは矢を抜きたくない」といったなら、その人はそれが分かる前に死んでしまう。必要なことは、まず毒矢を抜き、応急の手当てをすることである。

第二節　瞑想技術の実際

悩みは内心の感覚だから、この感覚を上手にコントロールして健康的な感覚へと誘導するのが瞑想技術である。ここでは伝統的な瞑想技術である「止観業《しかんごう》」を具体的に、かつ簡略化して、誰もが実習できるように解説しよう。詳細は後述するが、「止観業」とは止と観の技術のことで、「心の動きを止めて、じっと内心を観る」ことである。そして、この止と観の技術を呼吸法によってコントロールすることが瞑想技術である。まさに止観することで、ジタバタする心をコントロールして健やかにする方法である。

一　呼吸法

この止と観の技術をつなぐのは呼吸法である。この過程は調身・調息・調心（修行の三事）として示される。身体感覚への集中、呼吸感覚への集中、意識への集中（観る自分と観られる自分への集中）によって内面化させながら、意思の波立ちを静めるのである。とくにこの調身（身体的要素）と調心（精神的要素）をつなぐポイントが調息＝呼吸法である。その技術として数息観という出入りする呼吸を数えることに意識集中する観想法がある。

日常、私たちは意識せずに呼吸をしているが、この数息観という瞑想技術は意識的に呼吸をおこなうところからはじまる。吸気は反射として自動的におこなわれるが、呼気には「息を吐こう」という意思が関係する。そこで呼気（息を吐くこと）への意識集中が可能になる。まず呼吸そのものの快さに意識を向け、ゆったりと吐く息に意識を集中しながら長く吐ききることからはじまる。そしてまた、ゆったりと吸いながら吸気を「ひとーつ」「ふたーつ」と数える。十回まで数えたらまた一回にもどる。その呼気・吸気の割合はおよそ二対一である。

二　数息観で生じる心理的な変化

そこで呼気に意識を集中（止の技術）しながら数息観がおこなわれると、記憶の連鎖によって生じる執着が断ち切られて「観る自分と観られる自分の関係」である禅那《ぜんな》という状態が誘導される。禅那とは仏教用語で瞑想のことだ。意思の鏡に映った事象に翻弄《ほんろう》されずに、意思の波立ちがコントロールされた状態である。記憶の連鎖によって生じる解釈などの価値判断がストップし、「観る自分と観られる自分の関係」だけになるからだ。この状態になると心拍数や呼吸数が減少する。

しかし、そのうち雑念が浮かびはじめる。意思の鏡に映った事象ではなく、これまでの生活の中で耐えてきた心と身体のストレスが雑念として表出するからである。この精神的要素の表出によって、ふたたび意思の鏡が波立ち禅那が乱れはじめ、同時に心拍数と呼吸も増えはじめる。それでも、わき上がる雑念などの精神的要素に意識を受動的に集中（観の技術）しながら、しっかりと呼吸を数え続けていると、禅那が維持できるようになる（受動的とは受け流すこと、傍観視すること）。これは論理的なことだが、実際にはそこで止の技術と観の技術が臨機応変に応用され（止観双用）、意思の鏡の波立ちが静まって「観る自分と観られる自分の関係」が統一されるのである。ふたたび意思の鏡の波立ちが静まると、心拍数も呼吸数も減少して安定し、手足などの末梢の温感など、心身の爽快感がやってくる。

三　呼吸法の実践的技術

いま蛇足を加えたが、呼吸という簡単なことは（実際には難解だが）、それによって心と身体がどのように変化するかを理解しなければ、その実際が指導できないからだ。とくに伝統的な瞑想技術の体験は文献的な解釈では伝えられない。大切なことは理論を理解することではなく、体験することである。

ここからは独習である。まず場所はどこであっても、少し静かで換気のよいところで、姿勢を気にせず自由にゆったりと座り、全身の力を抜いて身体の重さを感じてみる。重さが感じられないとき、それはストレスによって心身が緊張しているのである。そのときには自按摩の法（後述するが仏教にもヨーガの体操がある）を実践する（写真1～3）。一度、全身に力を込めてから力を抜き脱力を感じよう。

さらに身体を曲げ、反らし、伸ばすなどして身体感覚をリセットするとよい（写真4～8）。

1. 身体の重さを感じる

2. 身体に力を入れてみる

3. 身体の力を抜いて重さを感じる

4. 身体を曲げてみる

5. 身体を曲げて腕を伸ばしてみる

6. 足を伸ばし腰を立てて坐る

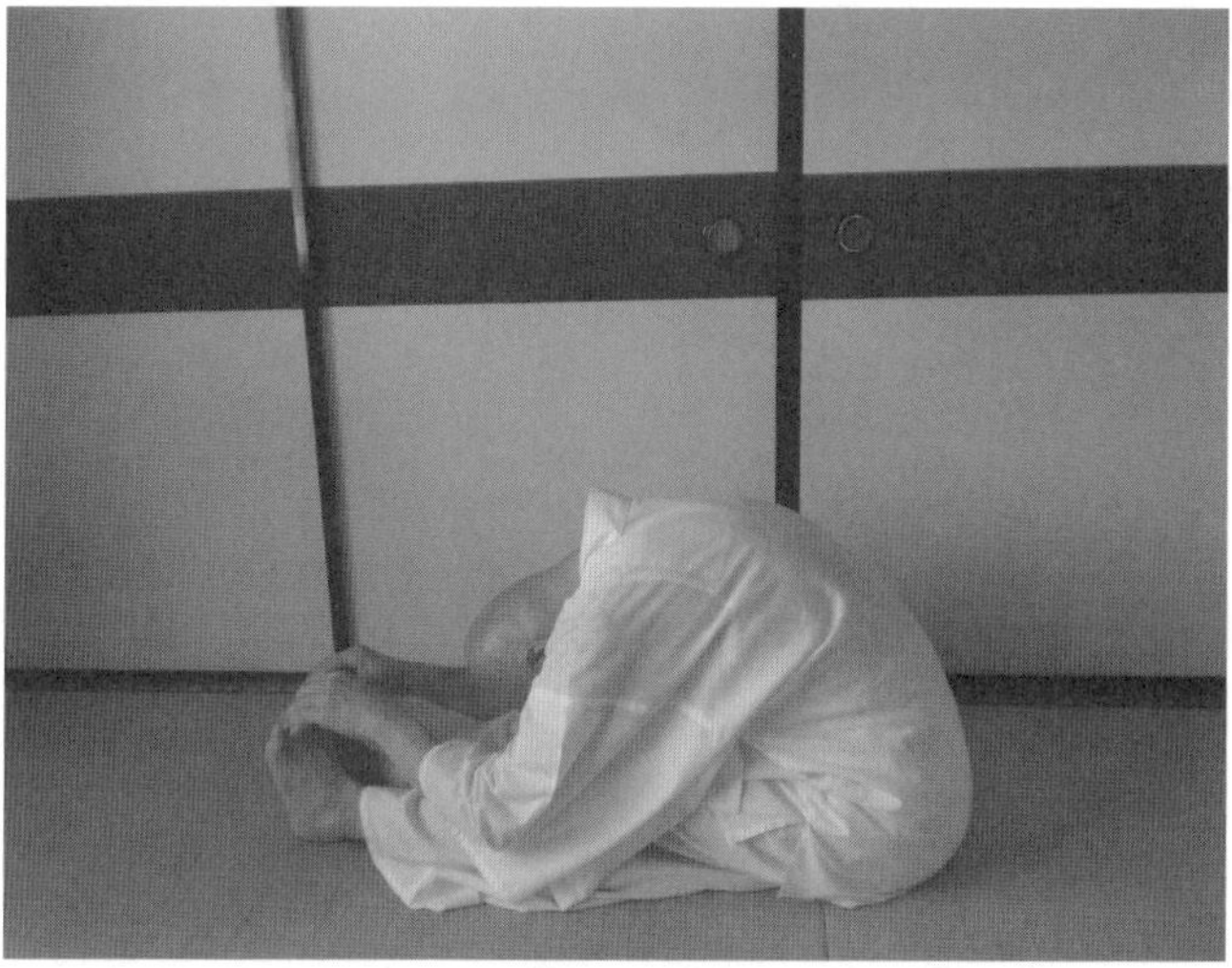

7. 前屈してみる

8. 前屈後の身体感覚を意識する

そこで一息ついて、鼻から息を吸って口からゆっくりと長く吐ききる。意識的に鼻からゆっくりと吸って口から長く吐く呼吸（身息）を五～六回くり返して、気分をリセットしよう。

続いて、姿勢を改め無理なく腰を伸ばして座る（写真9～11）。寒い時期には毛布などで足腰をくるむなどして下半身を温め、その足腰の温かさ、心地よさに意識をおいて、鼻から吸って鼻から吐く呼吸に切りかえる。さらに一息二息とゆっくり吸って長く吐きながら呼吸を意識して、身体がゆるみ、心がゆるむのを待っていると、その効用はすぐにあらわれてくる。十呼吸、二十呼吸、三十呼吸、五十呼吸も数えたころ、あなたの手足は温かくなり、身体の重量感すら心地よく感じられるはずだ。それは身体がゆるみ、心がゆるんだ証拠である。そのとき、あなたは日常のストレスから解放されるのは勿論のこと、やがては生老病死の不安までも克服できるはずだ。

ところで、このような伝統的な瞑想技術には、「十の階梯で瞑想を深化させる技術」（十乗観法）など詳細な技術が示されている。しかし、その第一歩は、数息観によって「意識を一点に注意集中する止の技術」（繫縁守境の止）をマスターすることである。ポイントは二つある。

①身体的要素である眉間や丹田などから呼吸が出入するイメージに意識を集中し、また呼吸するときに副鼻腔を通過する呼吸の感覚、その横隔膜の動きなどへと能動的に注意集中することで、意識の動揺を止めて瞑想状態を誘導する。

②「集中しようとする意識を手放す止の技術」（制心の止）をマスターして、集中しようとする意識すら手放して瞑想状態を深める。

ここで一つ秘策を紹介しよう。もし自分自身の瞑想状態の深化を具体的に知りたいと思うならば、近ごろは巷のスーパーでも販売している自動血圧計を購入し、瞑想開始の前後に心拍数と血圧を測定することをお勧めする。瞑想開始前の安静時に測定し、終了後数分ほど黙想してから測定すると、瞑想状態が誘導された場合には、ほぼ毎回終了後の測定値は開始前より低くなるはずである。心身統一によってストレスが軽減したために、心と身体のエネルギーが過剰に浪費されなくなったのである。自動車でいえば、アイドリングが低くなってガソリンの消費率が下がったのである。瞑想体験のさまざまな変化に対応する技術は本書の中にある。よく調べながら実習し、毎日十分以上は続けていただきたい。

9-1.　正座

9-2.　正座正面

10. おしりを高くして趺坐

11. 趺坐の正面

第三節　仏教生活の実際

いまきわめて簡単に瞑想技術の実際を解説した。私の経験上、ほとんどの方は解説にしたがって実習したが、五分、十分がとても長く感じられてじっと座っているのが精一杯だったとか、「有念有想」で頭の中は雑念ばかりだった、という体験をする。

それはあなたが、瞑想状態とはただ「無念無想」になって何にも考えずに、眠ったような状態をイメージしているからだ。じつはその「有念有想」がすでに瞑想状態なのである。その湧きでる雑念を湧きでるままにできず、その気になる雑念をつい追いかけてしまうために思考の連鎖がはじまるのである。その雑念を追いかけずに、ただ呼吸に集中して受け流すことが瞑想技術である。はじめから「無念無想」という三昧体験はやってこない。

毎日、十呼吸、二十呼吸と呼吸を数えて座っていれば、「有念有想」の禅那の中でも、心地のよい手足の温感や身体の重量感などの生理的な変化に気づくはずだ。この積み重ねが「無念無想」の三昧体験へと導いてくれる。そう信じながら数息観を実践することである。

そして、正しい瞑想状態を誘導して健康的な意識感覚に気づくには、外的環境としての生活空間と、内的環境としての心身の状態を調えることが必要になる。なぜなら、瞑想状態を維持することによって、雑念となって湧きでる「感情の垢」を大掃除しているのだから、さらに垢となる不健康な感情を貯めないことが必須条件である。ここでそのような仏教生活を三つのステップから眺めてみよう。

一　道徳的な訓練

この訓練によって私たちの「こころ」の癖に気づこう。さきに「本当に悩んでいる自分自身に気づくことが先決である」といったのはこれである。私たちの心の中には、不健康な生活習慣によって緊張感や恐怖心が覆いかくされている。じつはこの緊張感や恐怖心によって、悩みが生み出されているのである。それは生活習慣病などのストレス疾患の原因でもある。

ところが、悩みが生み出されたとき、私たちは「私はなにも悪くない」と、悩みの原因を他人へと責任転嫁する。これが私たちの「こころ」の癖だ。たしかに人間とは弱いものだから仕方がない。まずはこの癖に気づくことである。

なぜ私は家族と仲良く生活できないのか。

なぜ私は子供たちと仲良くやれないのか。

なぜ私は夫、あるいは妻と仲良くできないのか。

なぜ私は地域社会で上手くやっていけないのか。

なぜ私は職場の中に敵が多いのか。

なぜ私の家には病人が多いのか。

なぜ私の子供はなかなか結婚できないのか。

なぜ私は二度も三度も失恋、あるいは離婚するのか。

このような現実の問題が起きると、あちらこちらへ思いを巡らせ責任転嫁がはじまる。「あいつが悪いから……、このことが悪かったから……」と理由をつけて楽になろうとするが、気づいてみると状況は少しも楽になっていないのが現実である。しかしまた、私たちは性懲りもなく、楽になろう楽になろうと、どこかに理由を見つけて「あれが、これが悪かった……」と悪循環へと落ち込んでゆく。

恐いのはこの悪循環だ。「あいつが悪い、こいつが悪い」と思い煩ったり、またその思い煩いを何とか誤魔化そうと思うほど、その心の緊張はそのまま生理的な身体の緊張となって、心と身体の負のスパイラルが悪循環をはじめる。この悪循環によって心身の健康が蝕まれてゆく。

これを解決するには「人の悪口をいわず、人の悪を責めず、自分のこの苦しみは、自分の緊張感や恐怖心によって作られた」と気づくことである。そう自分自身にしっかりと言い聞かせるのである。このために伝統的な瞑想技術では「戒めを持《たも》ち、心を清くする」（持戒清浄）の遵守が強調されている。

二　身体的な訓練

さきの道徳的な訓練によって悪循環が止まったとしても、心と身体の負のスパイラルが止まったわけではない。見えない心の緊張や恐怖は、身体を通じてリラックスさせる訓練が必要である。緊張感や恐怖心という悪い条件づけは心の問題だが、心の緊張は身体の緊張となって、また心を苦しめはじめる。まず身体の緊張を解放してから、心をリラックスさせる必要がある。心は見えないので、まず具体的な身体をコントロールする。瞑想技術が身体技法と呼ばれるゆえんはここにある。

この負のスパイラルを改善するために、着衣喫飯の日常生活を頼りに、分離した「自分という意識」と「身体の感覚」とをつなげる必要がある。そのためには自分自身の身体感覚をしっかりと意識化することである。私たちは社会人として理性の要請にしたがって生活しているために、本来一体であるべき心と身体の健康感覚を忘れて、とくに身体の健やかさを無視する傾向を持っている。

これは一例だが、食事の場合では一日三食という観念にしばられ、空腹にならないうちに時間がくれば食事をする。さらに食欲が増すように化学調味料などで味付けすることで、必要以上に過食する。睡眠の場合でも、身体が睡眠を求める時間になっても、テレビや雑誌や音楽などの興味にしばられ、昼夜が逆転した生活を送っていても平気であるなど、事例を上げればきりがない。

これらの身体の感覚、身体の声を無視することは、切れば血の出る現実の自分を放棄して、私は永遠に生きられるという観念的な自分に支配されるということだ。恐ろしいことに、私たちはこの観念化によって、毎日死に向かって時を刻んでいる事実を認められなくなるのである。このような「自意識と身体感覚」のズレを解決するために、身体の緊張を解きほぐしながら、「身体に聞いて心を調える」のである。

三　精神的な訓練

さらに「身体に聞いて心を調える」ためには、身体的な要素や精神的な要素へと意識を注意集中することが必要である。身体の感覚や呼吸の快さに意識を注意集中することで、ああだこうだと思い煩っている観念的な自分を忘れてしまうことだ。さきの数息観のように、吐く息に意識を乗せながら呼吸を数えて注意集中するのである。

とにかく、この精神的な訓練としての意識集中を上手におこなうためには、「道徳的訓練」と「身体的訓練」の仏教生活によって、着衣喫飯にわたる日常をコントロールすることが必要である。お気づきの方もあるだろう。まさに瞑想技術と仏教生活は車の両輪なのである。

第四節　瞑想をはじめる前に

・仏間などの静かな場所で、あるていど通気性のよい部屋を選ぶ。
・座る前に、身体の筋肉と関節を伸ばす。大きく背伸びをする。手首足首などの関節を入念に回す。手のひら、足の裏を念入りに揉む。首をゆったりと回す。そして、大きく深呼吸をする。
・楽な姿勢で座る。ただし背筋は真っすぐにする。そして、手のひらは上向きにし、軽く股にのせる。
・軽く目を閉じる。
・頭から足に向かって順に筋肉の力を抜く。
・初めは意識的にお腹からゆったりと大きく呼吸をする。吸ったとき、吐いたとき、会陰（肛門の辺り）を絞める。そのうち身体と心がリラックスすると、自然呼吸となり、ゆっくりと浅くなる。ここがポイントである。

・自然呼吸になり心身がリラックスすると、股の上に置いた手のひらが温かく感じられたり、上向きにした手のひらが重く感じられる。これは身体の緊張が解放された証拠である。ここもポイントである。

・この状態になると、感情の垢の掃除がはじまり、恐怖心や悪癖による、不安な思い、不快な思いを経験することがある。これは瞑想が進んだ証拠である。感情の垢の掃除が終われば楽になるので、自然呼吸や身体の気持ち良さに心を向けて、あくまでもリラックスを心がける。

第五節　早寝早起きを心がけよう

よい瞑想状態を誘導したいと思うならば、自分の身体感覚に気づく必要がある。具体的な「快・不快」の感覚に気づけないようでは、悟りなどのより微細な精神的な感覚には気づけないからだ。

まず早寝早起きを心がけることである。インド医学では「快・不快」の身体感覚に気づきやすい時間帯をサットヴァ（清浄）と呼び、日の出前の四時から八時ころの清浄な時間帯に起床して、自分自身の状態に気づくことを勧めている。もし起床して身体感覚が軽やかならば、いつものように小食を摂ってよい。しかし、身体感覚に違和感を抱いたら、その違和感がどこからきているのか、その原因をしっかりと探求する。前日のランチタイムに大ぶりの牛肉ハンバーグをいただいたとか、会社の中のゴタゴタでストレスフルになったとか、自分の行動を振り返れば必ずその理由が分かるはずである。

とくに現代人は過食気味だから、朝食を食べずに白湯だけをいただいて午前中を過ごすのはどうだろうか。白湯はインド医学では三大の要素、ヴァータ（風大）・ピッタ（火大）・カパ（水大）のバランスをとる最良の飲み物である。冷水はカパの要素を増大させるので、熱を加えてピッタの要素を増大させる。さらにそのまま暫く沸騰させると、沸騰の動きでヴァータの要素が増大し、三大のバランスが調うというわけだ。

仕事があるからといって恐れることはない。一食や二食抜いても問題はない。時として違和感が増大したり、ノドが渇いたりと変化するが、しっかりと身体感覚を意識していると、突然身体が軽く健やかに感じられるときがくる。それは消化の火（ピッタ）が体内で燃えはじめ、昨夜来の胃腸の未消化物（宿食）が消化されたのである。そのときには昼食をしっかりと食べよう。食前に薄切りにした生の生姜に塩をつけて食べておくと、胃腸の働きを促進する。

また早朝に快い身体感覚で目覚めるには、夕食は午後八時以降にずれ込まずに、午後十時には就寝するとよい。これらを念頭に日常を過ごすと、よい瞑想体験ができる。

第六節　洗面と歯磨きはしっかりと

よい瞑想体験には洗面や歯磨きの清浄感は大切である。サットヴァの時間帯に起床したら、必ず歯磨きをすることから一日をはじめよう。歯を磨き、タングスレーパ（八十四頁写真）で舌をこすり舌の垢（舌苔）を取り除こう。さらにネーティポット（八十五頁写真）の塩水で鼻を洗おう。

詳細は後述（第六章第二節）するが、これはナーランダー僧院で「龍樹菩薩の長生きの養生術」と呼ばれた仏教の作法だ。そして、手を洗い、口をすすいで、清浄になってから朝の瞑想である。口腔の健康度が身体の健康度に関係することをインド医学は気づいていた。

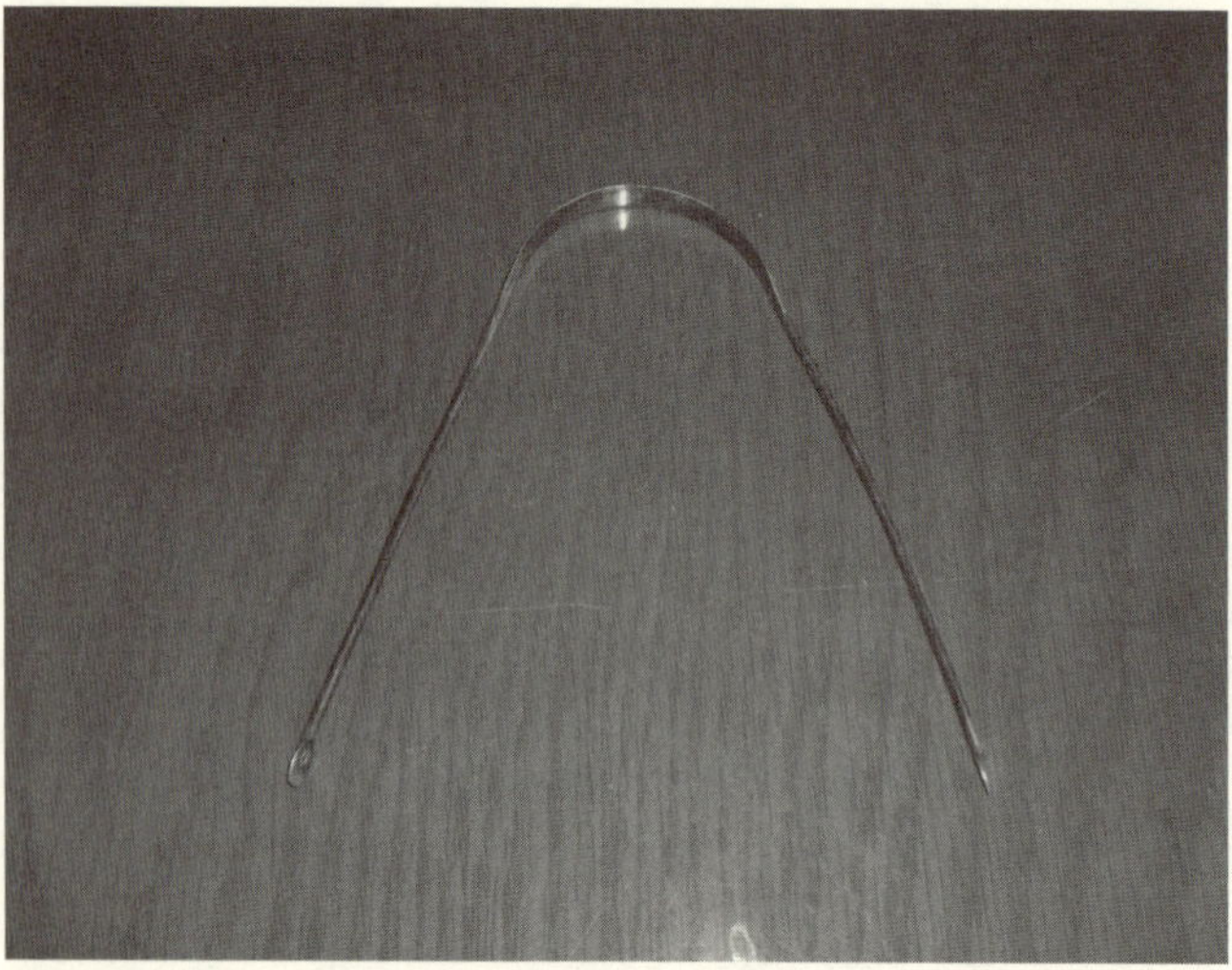

タングスレーパ器具

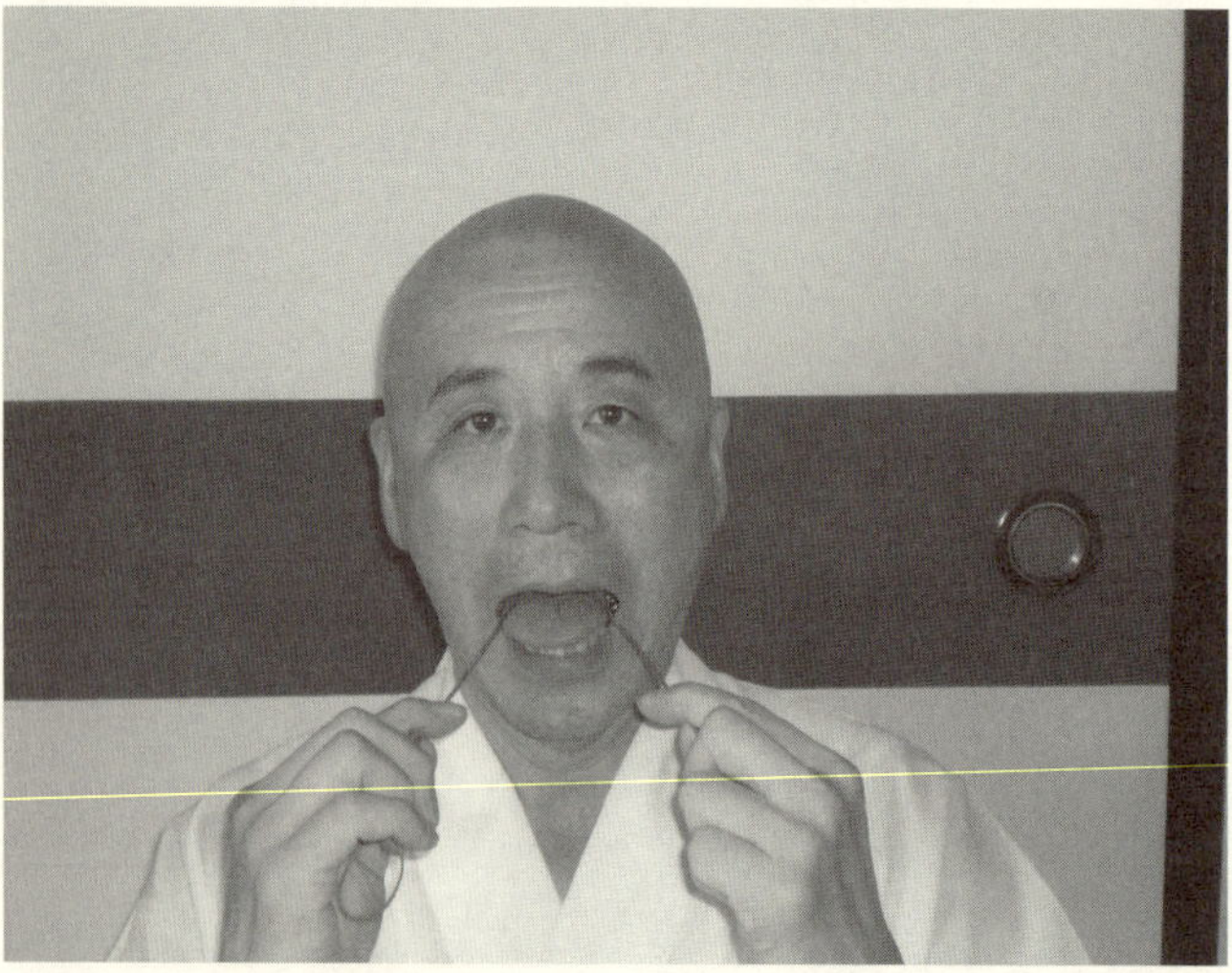

タングスレーパで舌をこする

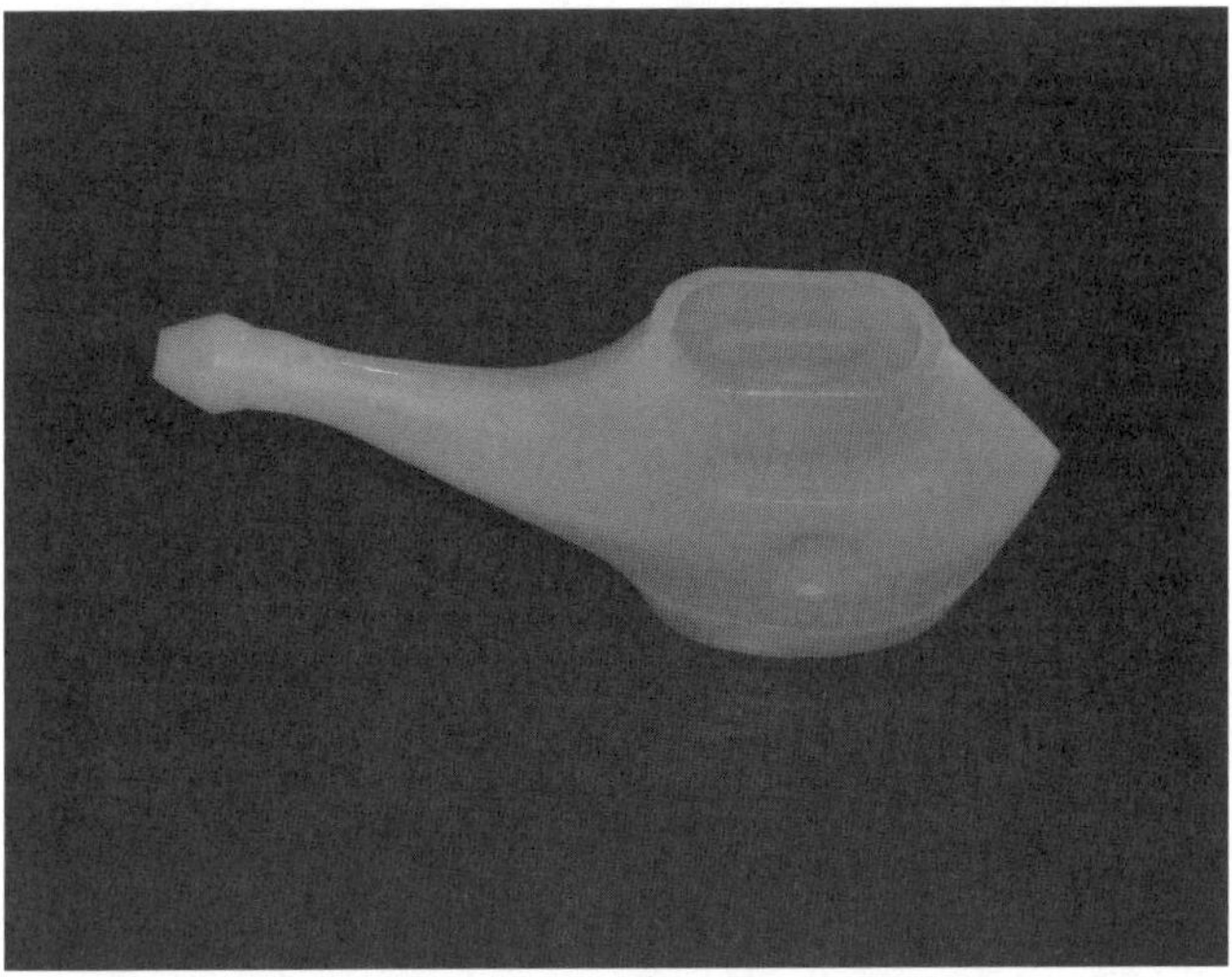

ネーティポット器具

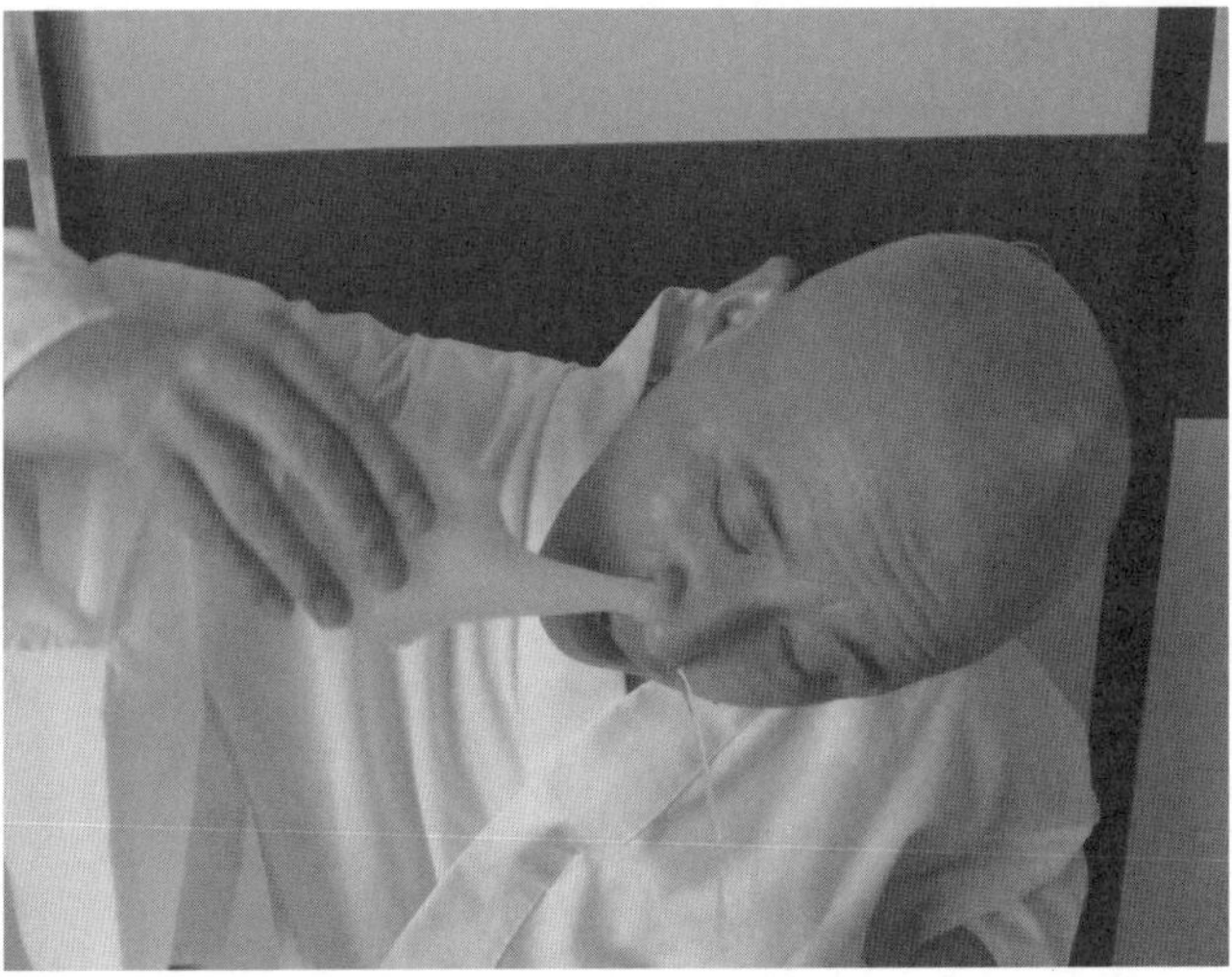

ネーティポットで鼻を洗う

第七節　月に一度は半断食をしよう

仏教生活は身体感覚を観察して病気の徴候を知るところからはじまる。仕事がオフのとき、月に一度は朝と昼の食事を断って身体感覚を観察しよう。慣れてきたら、喉が渇いても水を飲まずに、そのまま身体感覚を観察し、一日なにも考えずに断食する。慣れないうちは、白湯か果物など、水分の多いものをいただいてみよう。とにかく食べないで身体感覚を観察することである。言葉を換えれば、断食とは食べないという身体感覚に意識集中して瞑想することである。

ところで、朝食を抜くことについて、朝は食欲があるので困るという方がいるはずだ。じつはその空腹感は昨晩の夕食が宿食として胃の中に残っているために、目覚めとともに胃酸が分泌されて食欲を感じているのである。さきのように夕食は消化のよいものを食べ、それも夜八時以降にずれ込まないように気をつけていれば、朝に空腹感に苛まれることはない。犬や猫を飼っている方ならお気づきのはずだ、朝から餌を待っている動物はいないのである。

すでに仏教生活に則った食生活を実践していれば、そのまま飲まず食わずで身体感覚を観察していると身体の感覚が楽になる瞬間を経験できる。突然、スッと楽になる。この快い身体感覚に気づいたら、夕方にはご飯（玄米でなくとも胚芽米などでいい）と具沢山の味噌汁、根菜類の煮物などの和食をよく噛んで、腹六分程度いただこう。身体感覚に基づいた食事がいかに美味しいものであるか経験できるはずだ。ただし生野菜や油分の多い揚げ物などは厳禁である。

びろうな話で恐縮だが、皆さんは快い排便をされているだろうか。断食後の翌朝、サットヴァの時間帯に目を覚ますと新鮮に便意を感じるはずだ。もし自然に便意が起こらなければ、やはり白湯を少しいただいてほしい。しばらくすると便意をもよおすはずである。大切なことは、身体の声に耳を傾ける努力である。

これまで瞑想技術と仏教生活の実際について解説してきたが、その効果は上がっただろうか。毎日、十分以上続けてこられた方は、二、三週間ほど実習すると、呼吸に意識を集中しながら、十呼吸、二十呼吸、三十呼吸と数えれば、手足は温かくなり、身体の重量感すら心地よく感じられるはずだ。しかし、一カ月ほどするうちに、それまで身体がゆるみ、心がゆるみはじめた状態から一変して、逆に心も身体も緊張することに気づくはずだ。それは瞑想技術の実習法を間違ったのではなく、呼吸に意識集中することで瞑想状態が誘導され、心の動きが止まりはじめているからである。それによっていままで蓄積されてきた負のスパイラルが心身の緊張となって発散しているからである。

さきに、瞑想技術としての「止観業」は止と観の技術のことで、「心の動きを止めてじっと内心を観る」ことであるといったように、心の動きが止まったところで、次に内心を観る技術が必要なのである。数息観によって「意識を一点に注意集中する止の技術」（繋縁守境の止）をマスターしたら、次には「集中しようとする意識を手放す止の技術」（制心の止）をマスターしないと、瞑想状態は深化しないのである。

ここで皆さんの瞑想状態が深化するように、引き続き、瞑想技術を理論的に、また文化史的にバックアップしてゆこう。瞑想技術は伝承ごとだから、本来は専門家に師事して修習しなければ身につけることができない。それをわずかな頁数の書籍で独習するのだから、難しいのは当然のことである。これから少し煩瑣だが、これまでの解説の裾野を広げて、瞑想技術の全貌とまではゆかないが、瞑想技術とは何であるか、どういうことをしているのか、ということを理解することで、これまで皆さんが実習してきた瞑想技術を深めていただきたい。

第三章　瞑想技術の理論的バックアップ

ところで、現代のような心身分離社会の要請によって構築された学問が、人間行動科学（Human Behavior Science）の知見である。その基礎になるメカニズムが心身相関である。怒りの感情が起きると心拍数が上昇する、悲しみの感情に支配されると胃酸の分泌が抑制され食欲がなくなる、ミカンを見て酸っぱそうだと思っただけで唾液が分泌されるメカニズムのことだ。これによっていままで体験しなければ分からなかったことが、具体的に理解できるようになったのである。

ここで心身相関のメカニズムを基礎として構築された瞑想技術を紹介しよう。それは、宗教機能を喪失した社会に、その代替として構築された心理療法としての「自律訓練法」である。この瞑想技術は心身相関に基づいて構築されているので、現代人の私たちが瞑想技術を理解する材料としてはもってこいである。

第一節　心理療法としての瞑想技術「自律訓練法」の実際

この瞑想技術は、インドのヨーガ行法を基礎として一九三二年にドイツのシュルツ（J. H. Schultz）によって考案され、ルーテ（W. Luthe）によって完成されたものである。とくに心身分離を克服する技術として生まれてきた「自律訓練法」は、変性意識状態（Altered State of Consciousness）と呼ばれる一種の瞑想状態を誘導することで、不安を生みだす思考の連鎖を止めようというのである。この瞑想状態は生理的な情動回路（Emotional-Circuits）によって作られる神経生理学的な現象で、それによって身体感覚と密接に結びついた情緒的な反応をコントロールしている。この情動回路によって心理と生理（理性と感情）の力関係をコントロールし、心身分離のストレスによって抑制されがちな自己調整能力（Homeostasis）を回復させている。まさに私たちの心身分離から生ずるさまざまな神経症（心理的な原因によって起きる精神の機能障害）や、心身症（何らかの心理的条件に起因した身体的疾患または症状）などを改善する技術として構築されているのである（ルース編『自律訓練法』全

六巻、池見酉次郎監修、誠信書房、一九八五年)。

このような自律訓練法の技法を要約すると、四つのプロセスで構築されている。

①訓練を始めるために、心身をリラックスさせる条件

心理的、身体的な緊張を緩めて、練習前に全体的に弛緩しやすい環境を調える。

(1)外界からの刺激の除去

(2)内部からの刺激の除去

(3)姿勢の安定

(4)閉眼

②意識の身体的要素への集中

身体的要素に対する言葉による能動的注意集中(Active Concentration)によって、変性意識状態(ASC)を誘導し、情動として身体の上に表れている生理的緊張の弛緩を促す。

③意識の精神的要素への集中

前段階で誘導された変性意識状態から、より安定した自律的ＡＳＣへと誘導するために、解放された情動（心理、生理的な反応）の精神的要素へと受動的注意集中（Passive Concentration）することで情動発散を促す。

④その結果として生ずる心身の変化

上述の①〜③までを通じて自律性解放活動（Autogenic Discharge Activity）と呼ばれる心身の両面にわたる情動発散を積極的に進め、それを受動的に受け流すときに生ずる心理的、生理的な変化が示される。その反応に次の四つのパターンがある。

(1)身体などの感覚反応
(2)筋肉などの運動反応
(3)自律神経系の反応
(4)心理的な反応

自律訓練法の技術は、この四つのプロセスによって変性意識状態（瞑想状態）を誘導して、身体感覚と密接に結びついた不安な感情などをコントロールしている。とくに瞑想状態を維持することで、ストレスを安定的に発散させて治療効果を上げている。以上が自律訓練法という瞑想技術の構造である。

どうだろう、さきに皆さんが実習した瞑想技術、止と観の技術によって「心の動きを止めて、じっと内心を観る」ことと、同じ構造になっていることに気づくだろう。①は自按摩の法などによって心身を調えること、②は止の技術で心の動きを止めること、③は観の技術で内心を観ることと同じである。さらに面白いことに、④はさきに皆さんが瞑想技術を実習し始めて「一カ月ほどするうちに、それまで身体がゆるみ、心がゆるみはじめた状態から一変して、逆に心も身体も緊張することに気づくはずだ」といったことと符合する。隠れていた心身の緊張が発散しているのである。

この瞑想技術の構造が理解できると、止と観の技術によって「心の動きを止めて、じっと内心を観る」ことの意義が分かる。心の動きが止まったところで、内心を観る技術が必要なのは、呼吸に意識を注意集中して心の働きが止まった段階で、集中しようとする意識を切り離さないと、心身の緊張に意識が集中してしまうからだ。それによってゆるみ始めた心身が緊張に転ずるのである。さきの皆さんの体験がこれである。

これを克服するためには、内心を観ることによって、意識化されている心身の緊張を第三者的に傍観視して受け流し、集中しようとする意識を切り離すのである。集中しようとする意識を手放さないと、瞑想状態は深化しない。

ここで実際に自律訓練法の技術を応用して瞑想状態を体験していただこう。簡単な四つのプロセスにしたがって実習（して瞑想体験を）しよう。じつは瞑想技術の構造が理解できると、瞑想状態の深化や持続時間などの相違はあるが、瞑想状態は比較的簡単に誘導できるのである。

「①訓練を始めるために、心身をリラックスさせる条件」は、瞑想状態を誘導するための準備である。暑からず寒からず程よい気温の部屋で、眼鏡や時計、バンドや帯などの締めつけるものをはずす。また気ぜわしいときや空腹・満腹時を避ける。そして、リラックスして坐って、軽く目を閉じる。

「②意識の身体的要素への集中」では、まず「安静訓練」として手のひらを上向きにして「右手が重い」と言葉によってイメージしながら、身体の末梢感覚である手に能動的に注意集中していると、実際に右手の重さを感じられるようになる。能動的にとは「右手が重い」という言葉と右手そのものを意識することである。それは事実上、右きき（利き手）の人は、左手に比べて右手が厚く大きいので重いためにそう感じるのである。しかし、そこで右手が重いという能動的な注意集中によって右手が重くなったと感じられた瞬間、分離していた心身がつながって統一されたのである。右手が重いという言葉のイメージと、実際の手の重量感がつながったのである。ゆっくりと呼吸を調えながら、右手が重いと能動的に注意集中する。続けて左手が重いとやはり能動的に注意集中し、左手の重量感を体験しながら瞑想状態を深める。これがごく初歩の心身統一の状態（瞑想状態）である。この状態が誘導されると心と身体が安定しリラックスする。心拍数も呼吸数も血圧も減少し、それればかりか脳波もゆっくりとしてくるのである。

ところが、この状態がしばらく続くと徐々に瞑想状態が乱れはじめる。さきに若年の上司に叱りとばされた話をしたが、私たちの「こころ」にはどう対処しても仕切れない不快な情動を無意識の中に押し込んで、その不快感を意識できないように封印する働きがある。この封印された不快感が情動ストレスである。この「感情の垢」が蓄積されるために生活習慣病が蔓延し、この情動ストレスの発散が刺激となって瞑想状態が乱されるのである。

感情の垢が「こころ」の外側へと発散する過程で、それが心身の両面にわたる情動反応として意識化される。それが「④その結果として生ずる心身の変化」である。瞑想しているとき、皮膚が急に痒くなるなどの皮膚感覚にはじまり、筋肉の反応や内臓の反応、過去の嫌なことを思い出すなど、一連の生理的、心理的な反応を感じはじめる。この反応が刺激となり、それまで安定していた瞑想状態が乱れる。誘導されていた瞑想状態が中断されたのである。自律訓練法は瞑想状態を誘導することで、病気の原因である感情の垢を掃除し健康を回復させる技術だから、瞑想状態を維持しながら同時に感情の垢を掃除することが求められる。

そのため「③意識の精神的要素への集中」では、「黙想訓練」として瞑想しながら掃除するという二つの作業を一緒におこなう技術が用いられる。はじめは身体の末梢感覚への能動的な注意集中だったが、ここでは情動反応として感じられる精神的な要素へと受動的に注意集中して受け流すのである。不快だと感じる感情の垢に受動的に注意集中し、それを受け流しながら瞑想と掃除をおこなうのである。精神的要素としての情動反応へと受動的に注意集中することで、情動反応に動揺することなく瞑想状態を維持し、それでいて感情の垢の掃除も続ける。つまり、「④その結果として生ずる心身の変化」の情動ストレスが発散することでさまざまな生理的、心理的な情動反応が生じても、瞑想状態を維持しているのである。

どうだろう、①でゆったりと坐って軽く目を閉じ、②で「安静訓練」をおこなって右手が重い、左手が重いと進んで、瞑想状態が誘導されただろうか。情動反応が感じられただろうか。おそらくいろいろ雑念が浮かんで処理に困ったはずだ。じつはそれが情動反応で、炭酸飲料のビンを急にあけると炭酸が吹き出るようなものである。放っておけば自然に消えてなくなるはずだが、そこでバタバタするので瞑想が乱されて④の状況になる。そこで③の「黙想訓練」によって吹き出す炭酸に受動的に注意集中してバタバタせずに受け流すのである。はじめての実習では、②の「安静訓練」で、炭酸が吹き出しバタバタする段階まで瞑想状態が誘導されていれば上々である。いずれにしても、④の雑念の段階をどう過ごすかが重要な鍵である。瞑想技術の真価が問われるのは、この段階をどう克服するかにかかっている。これはゆくゆく明らかになる。

しかし、この段階でも瞑想状態が誘導できないと感じた方に、積極的にリラックスする瞑想技術を紹介しよう。とても簡単である。畳の上でも、マットの上でも、一畳ほどのスペースがあれば、仰向けになってまっすぐに横になってほしい。身体をまっすぐにして、両手を身体の脇に伸ばし、一息ついてから、ゆっくりと息を吸いながら、両腕を頭ごしに上げてゆく。両腕が下についたら、しっかりと手足を脱力させて、お腹でゆっくりと十回呼吸する。十呼吸目の息を吸ったら、息を吐きながら両腕をもとの場所に戻してゆく。両腕がもとの場所に着いたら、全身を脱力させ、とくに両手の感覚に意識を向け呼吸する（一〇二～一〇三頁写真）。暫くすると瞑想状態が誘導され、手のひらが温かく感じられるはずである。

この積極的なリラックスが体験できるようになると、自律訓練法の瞑想技術もすぐに修得できるはずである。

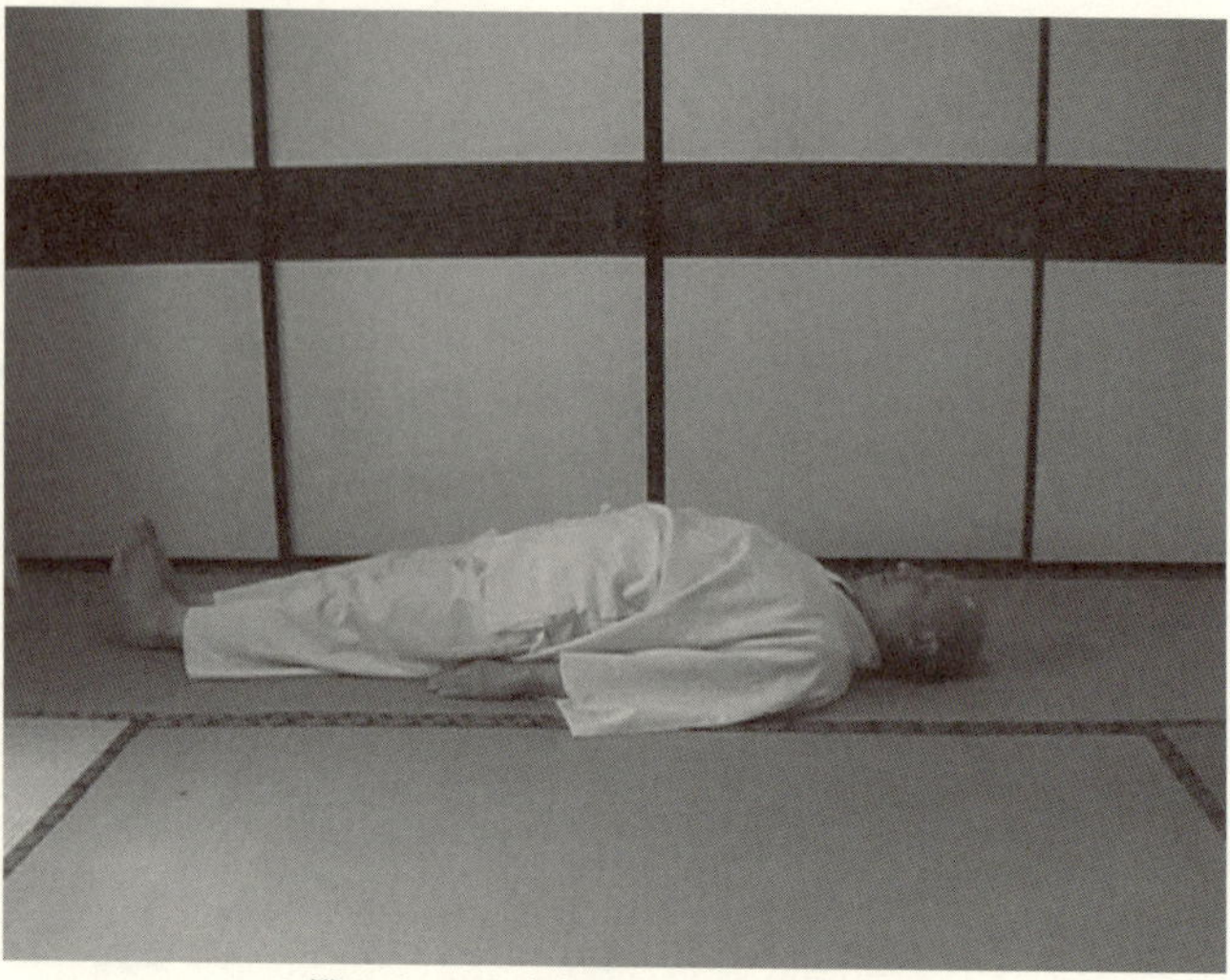

横になって身体をまっすぐにする

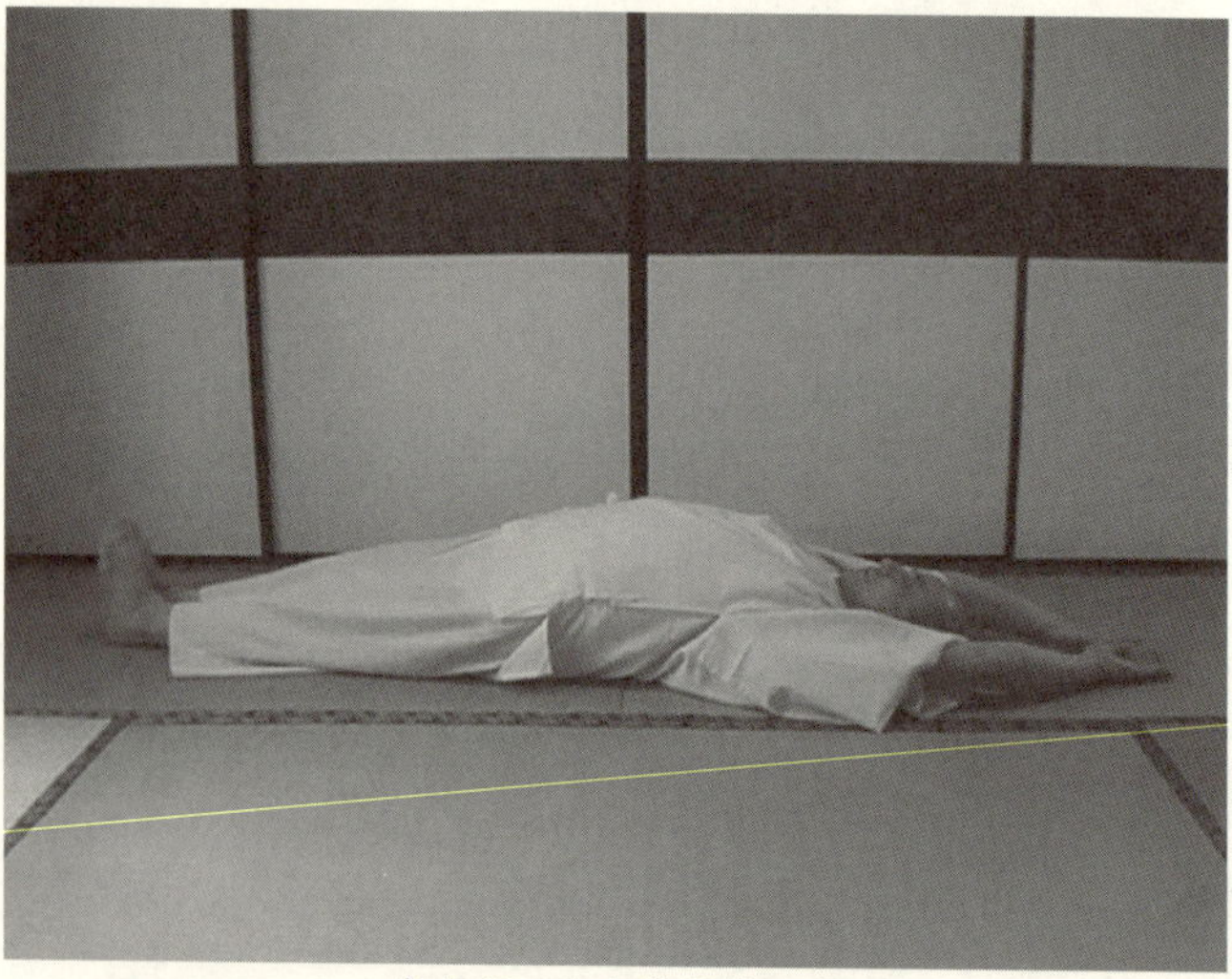

息を吸って身体を伸ばす

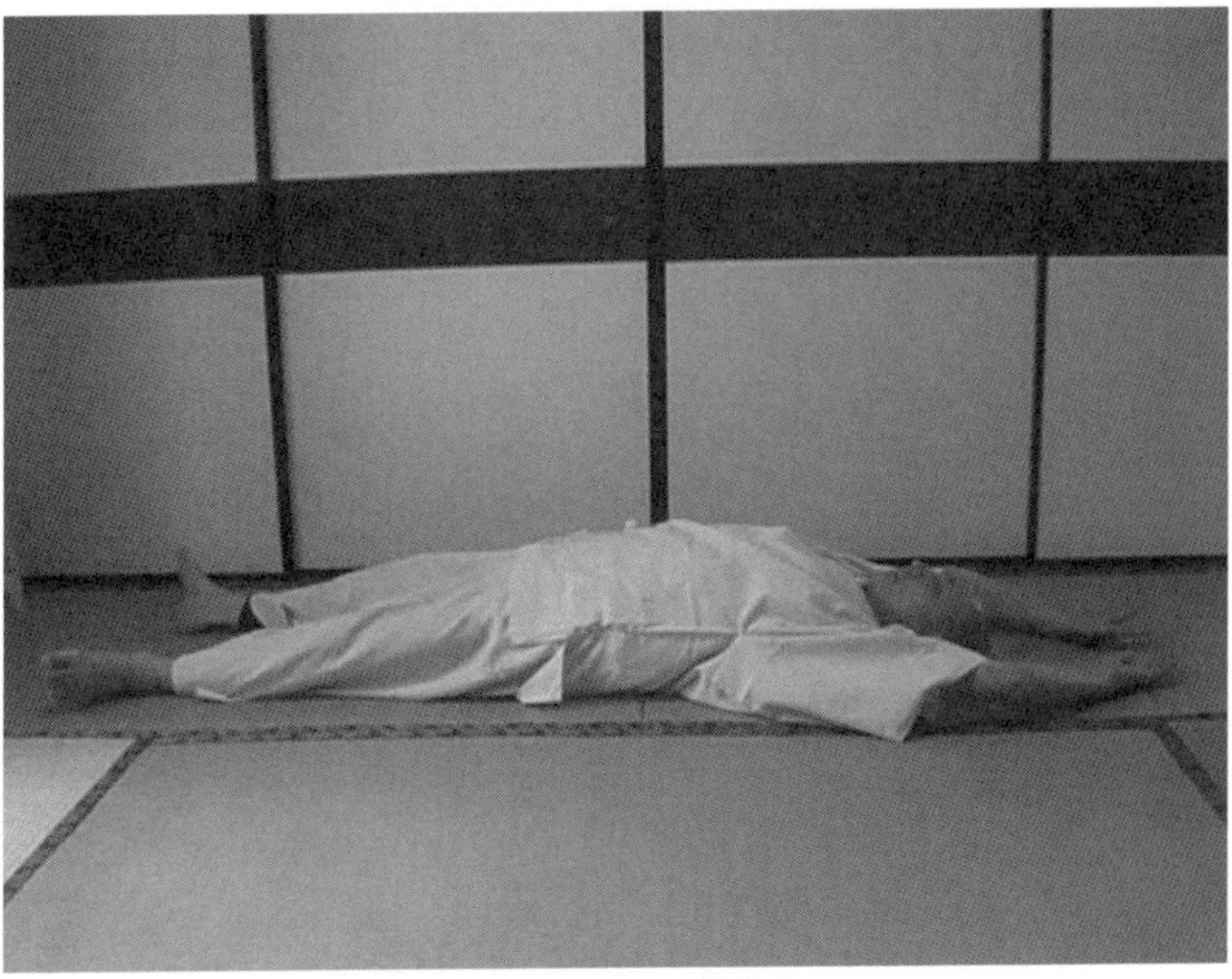

脱力してお腹で呼吸する

第二節　伝統的な瞑想技術の実際

ここで伝統的な瞑想技術としての「止観業」を改めて解説しよう。「止観業」は文献的には『天台小止観』に依拠するが、私が師匠より体験的に伝承した瞑想技術のことで、日蓮門下の伝統的な技術である。さらにその系譜にしたがえば、日本仏教の母山である日本天台宗の延暦寺につながり、またそれは中国天台（『摩訶止観』十巻）を経由してインド禅（『禅門修証』十巻）へと遡る技術である。ここで系譜などに一々ふれなくてもよいのだが、仏教界の瞑想技術は伝承ごとだから、その故事来歴が明らかにならないと仏教と認めていただけないばかりか、自己流の瞑想技術という誹りを免れないであろう。

ところで、この自律訓練法の技術と、仏教の瞑想技術（『天台小止観』）の構造を比較すると、その構造は見事に一致しているが、技術としては「止観業」に歴史的な重さがある。自律訓練法では四つのプロセスだったところが、仏教の瞑想技術では五つのプロセスになっている。この違いをよく理解してほしい。まずは瞑想技術の伝統的な指導書『天台小止観』の構造にしたがって比較しよう。いませっかく自律訓練法の瞑想技術を実習したのであるから、その体験にもとづき、以下の手順で仏教の瞑想技術を実習してほしい。

一　訓練を始めるために心身をリラックスさせる条件

第一章「縁を具《そな》えよ」では、道徳生活を保持して、過去の過ちは神仏の前で告白し滅罪する。少欲知足の生活を心がけ、静かな環境に起居し、瞑想の妨げになるものは遠ざけ、いますべき仕事は後回しにせずにすぐに済ませる。親しい仲間も含めて煩わしい人間関係を避けて、より優れた人物に師事する。

第二章「欲を呵せ」では、色欲・声欲・香欲・味欲・触欲の五つの肉体の欲望に引きずられないようコントロールする。

第三章「蓋を棄てよ」では、自己中心的な思いに支配されないようにコントロールする。

第四章「調和」では、飲食と睡眠の調節、さらに調身・調息・調心によって、瞑想状態を誘導しやすい身体の状態を作る。

第五章「方便行」では、瞑想状態を誘導するための五つの補助的な手段として、迷いを離れ悟りたいと思念する。しっかりと戒めを守ろうと努力する。瞑想体験は貴いと念じる。瞑想体験という真実の楽を求める。瞑想体験に専念する。

以上は瞑想を誘導するために心身をリラックスさせるための環境作りである。生活など外側の環境、身体の内的環境、そして気持ちを調える、まさに調身・調息・調心である。見事に一致している。

二　意識の身体的要素への集中

第六章「正修行」の止の技術では、さまざまなパターンの止の技術が示される。その基本は「意識を一点に注意集中する止の技術」(繋縁守境の止)と、「集中しようとする意識を手放す止の技術」(制心の止)に集約される。まず「意識を一点に注意集中する止の技術」では眉間や丹田などの身体的要素や、また呼吸時に副鼻腔を通過する気道の感覚、その上下に動く横隔膜の動きなどへと能動的に注意集中することで、意識の動揺を止めて瞑想状態を誘導する。さらに「集中しようとする意識を手放す止の技術」によって、集中しようとする意識を手放して瞑想状態を深める。

とくに止の技術によって、心身を構成する色陰（肉体的要素）・受陰（感受機能）・想陰（表象機能）・行陰（意識の統合機能）・識陰（意識の認識作用）の五つの要素（五蘊）を遡る形で瞑想技術が構成されている。まずはじめは肉体そのものである色陰への能動的な注意集中で瞑想状態が誘導される。さらに受陰・想陰・行陰と徐々に身体的要素から離れた精神的要素へと注意集中して、最終的には三昧の状態へと誘導し、身体的な要素を超えた純粋な精神世界（識陰）そのものになる。これは理想的な段階である。

ここでは色陰（肉体そのもの）である眉間や丹田へと注意集中する止の技術（繫縁守境の止）がもっとも基本である。色陰以外のさきの五つの要素は、精神的な要素が増えるので意識集中が難しくなる。この難関を克服するために、「三　意識の精神的要素への集中」として観の技術が用意されている。しかし、この段階では吐く息を数える数息観を用い、一呼吸、二呼吸……十呼吸まで数えたら、また一へと戻る、これをくり返すだけである。それを続けていくうちに、その「集中しようとする意識を手放す止の技術」（制心の止）の感覚がつかめるはずである（数息観の詳細は本節五参照）。

三　意識の精神的要素への集中

第六章「正修行」の観の技術には、自律訓練法の「安静訓練」（②意識の身体的要素への集中）では効果が上がらない者には「黙想訓練」（③意識の精神的要素への集中）によってイメージによる無意識の思考を進めたように、止の技術によって瞑想状態が安定して維持できず妄念が湧いてくるときには、その心に引っかかっている善事、悪事、無記など、いわゆる三毒の妄念は湧くままにして無理に止めようとせず、かえってそれに意識を集中してじっくり観想する。心に湧いてくる（善事、悪事、無記、三毒などの）イメージ（妄念）に向かって受動的に注意集中して、その湧きでる無意識的な心を観想することが説明されている。観想とは、無意識と向きあうことで、湧きあがる妄念に動揺することなく受け流し、第三者的にその妄念をじっくり観察することである。

自律訓練法のときに、いろいろ雑念が浮かんで処理に困ったはずだといったが、これがその妄念（三毒など）である。これに注意集中して受け流し観想するのであるが、湧きでる雑念をその湧きでるままにできずに、それについて思惟してしまうので処理に困る。その雑念を思惟せずにしっかりと「受け流す」のである。皆さんは受け流すことができただろうか。これらも自律訓練法と見事に一致する。

四　「②意識の身体的要素への集中」と「③意識の精神的要素への集中」を臨機応変に応用

ここに瞑想技術の歴史的な重さが表れている。第六章「正修行」の止観双用の技術である。これは瞑想状態を誘導し、それを維持するためには、「②意識の身体的要素への集中」（止の技術）と「③意識の精神的要素への集中」（観の技術）を臨機応変に応用せよという指示である。さきに止から観に向かう技術が示されたが、実際には常に止から観によって瞑想状態が誘導されるわけではない。そのときの状態によってプロセスが異なるからだ。心が暗く気が晴れなかったり、理由もなく滅入ったり、心がはっきりしなかったりするときには観の技術を用いるが、それで改善しなければ止の技術を応用して瞑想状態を誘導する。また心が外に向かって動いてしまったり、心が沈んでしまったり、心が浮動するときには止の技術を用いるが、それで改善しなければ観の技術を応用して瞑想状態を誘導する。このように常に止から観の技術へと単純にはゆかないために、観から止の技術への応用を含めた止観双用が示されるのである。

また日常生活のすべては、行・住・坐・臥・作作・言語の六つの所作（六種の縁）におさまり、また人の眼・耳・鼻・舌・身・意の感覚器官（六根）には、それぞれ色・声・香・味・触・法（六塵）の情報に対応する感覚（執着の対象）がある。この六つの所作と意識された六つの感覚（六塵の境）を合計した「十二の事柄」に、日常生活のすべての「おこない」が集約される。つまり、すべての「おこない」において、感じている自分と感じられている自分、観ている自分と観られている自分の相対関係（識別、ヴィジュニャーナ）が存在し、そこで止と観の技術を臨機応変に応用すれば（止観双用）、すべての「おこない」が瞑想体験となり、そこで三昧の状態までも誘導できるのである。

自律訓練法では「②意識の身体的要素への集中」の標準訓練と「③意識の精神的要素への集中」の黙想訓練には、その注意集中する対象が身体的要素と精神的要素とに分かれており、明確な区別がある。しかし、仏教の瞑想技術では、意識集中する対象が心身を構成する五つの要素の内、肉体（色陰）から徐々に純粋な精神性（識陰）へと遡りながら瞑想を誘導しているために、どこからが身体的要素でどこまでが精神的要素というように明確に区別することができない。また瞑想状態も浅いものから深いものへと進むわけではなく、浅から深、深から浅へと行きつ戻りつするため、止と観の技術を臨機応変に応用（止観双用）することが必要になるのである。

皆さんはどうだろう。このあたりの体験は、眉間や丹田へと能動的に注意集中する止の技術（繋縁守境の止）を少なくとも二〜三年ほど続けると感じられる瞑想体験である。この初歩の止の技術だけでそれだけの時間がかかるのかと驚くだろう。しかし、止の技術で意識集中される身体感覚には感性や精神性が付随しているから、当然そこには観の技術が含まれてくる。ここに止観双用の意義がある。だから徹底して止の技術を磨くことが必要なのである。これから明かされる「数息観の瞑想」「随息観の瞑想」も、その延長上にあることを銘記してほしい。

五　その結果として生じる心身の変化

瞑想技術では瞑想状態を誘導するときの心身の状態に応じて、また日常生活の場面に応じた止観双用によって、自律訓練法よりは複雑な情動のコントロールがおこなわれている。そのため「④その結果として生ずる心身の変化」としての情動発散は一致するが、それは自律訓練法のように単純なものではない。情動発散に相応するのは『天台小止観』第七章「善根が発する相」である。善根の相とは、涅槃（悟り）という理想的状態に到達するときに経験する前兆の現象である。伝統的には五つの段階があるが、とくに「善根が発する相」のはじめの「息道の善根が発する相」（息道善根発相）では、止観双用によって瞑想状態が誘導され心と身体が調うと、いままで悩まされていた妄念が止む。そして、精神的には徐々に瞑想状態が深まり、淫欲や食欲など肉体的欲望の世界（欲界）、また肉体的欲望を離れているが肉体の痛い痒いに拘束される世界（色界）で瞑想体験をする。その瞑想体験は、安穏な意識状態の中で心と身体の状態をはっきりと観ることができる。さらにこの状態が、一坐や二坐、一日二日、一月二月など、ある一定の期間安定して続くと、そのうち呼吸が調って一息が長くなり、徐々に呼吸をしているかどうか分からない段階になる。すると次の二つの前兆が起きる。

最初の一つ「数息観の根本禅定の善根が発する相」（数息根本禅定善根発相）では、心身が安定して妄想が起こらない状態で瞑想状態を維持していると、心身が運動して八つの変化（八触）を経験する。これは第一の瞑想状態（初禅定）を経験するときに身体に表れる八種の感覚である。

「動」はピクピクと動く感覚
「痒」はムズムズする感覚
「冷」はつめたさ
「煖」はあたたかさ

「軽」はかるくなる感覚
「重」はおもくなる感覚
「渋」は引き締まるような感覚
「滑」は弛むような感覚

この感覚が起こった後には、心と身体が調和して気持ちよく清浄な喩えようのない気分になる。

これは「数息観の瞑想」と呼ばれる状態である。出入りする呼吸を数えること、とくに呼吸は呼気で息を吐けば吸気は自発的におこなわれるため、まず呼気の吐こうという意思に「息を吐くぞ」と能動的に注意集中しながら吐いてゆく観法である。それを吐いて吸って一呼吸、二呼吸……十呼吸まで数えたら、また一から始める呼吸法である。八触はこの瞑想状態の根本となるものが成就する前兆の体験である。

これは自律訓練法の「④その結果として生ずる心身の変化」の⑴の身体の一部がジンジンする、しびれる、かゆくなる、針で刺すような感じがするなどの「感覚反応」と、⑵の筋肉がピクピクする、指が振るえるなどの「運動反応」に一致する。

次の二つ「随息観・十六特勝の善根が発する相」（随息特勝善根発相）では、さきのように心身が安定して妄想が起こらない状態で瞑想状態を維持していると、安定した瞑想体験の中で呼吸が全身の毛孔から出入りしているような状態になる。すると心の眼には身体を構成する三十六種の物を観ることができる。これらは身体生理の微細な感覚の意識化である。たとえば、心臓の鼓動による皮膚の微小振動や、脳髄に栄養を与えている脳髄液の循環などの微細な感覚である。このときにも心は静かに快く安定している。これは「随息観の瞑想」と呼ばれる状態で、出入りする呼吸に心身をゆだねた受動的な注意集中によって、数息観の呼吸を数える意識を捨てた状態で、十六特勝というさまざまな呼吸法に精通する前兆の状態である。

これは自律訓練法の「④その結果として生ずる心身の変化」の、ものが見えたり、音が聞こえたりなどの幻覚、涙が流れる、唾液がでる、心臓がドキドキする、お腹がゴロゴロ鳴るなどの「⑶自律神経系の反応」と、過去の思い出、空想的イメージや感情興奮などの「⑷心理的な反応」に一致する。

どうだろう、自律訓練法の四つのプロセスと『天台小止観』（瞑想技術）の五つのプロセスを比較すると、技術の差異はあってもその構造は見事に一致する。自律訓練法は四つのプロセスで、止観業の瞑想技術は五つのプロセスで変性意識状態（Altered State of Consciousness、瞑想状態）を誘導して、身体感覚と密接に結びついた情緒的な意識（情動）を制御し、心身分離によって生じた心理と生理の力関係を調整する技術、情動コントロール（Emotional Control）の技術である。この技術によってストレスとなっていた情動を安定的に発散させ、自律訓練法の場合はより治療効果を上げ、瞑想技術の場合は止観双用によって、さまざまに情動をコントロールしながら悟りを追求しているのである。そして、瞑想技術によって生ずる生理的、心理的な反応は、現代人であろうと、二五〇〇年前のお釈迦さまであろうと同じだから、瞑想技術を理解し定義するには、生理的、心理的な反応である「情動のコントロール」が重要な意味を持つのである。

要約すれば、自律訓練法の情動コントロールは、「②意識の身体的要素への集中」の標準訓練から「③意識の精神的要素への集中」の黙想訓練へと比較的単純に移行できる。止観業の瞑想技術の場合は、さまざまな心身の変化に対応するため②と③を臨機応変に応用する止観双用の技術が用いられている。また止観双用は着衣喫飯にわたる日常生活の中で情動をコントロールして瞑想状態が誘導できるように構築された技術である。この違いがどこからくるかといえば、ともに情動コントロールの技術でありながら、自律訓練法は科学的に構築されていても歴史はわずか六十年ほど、止観業という瞑想技術は一千年、二千年という歳月によって蓄積され伝承されてきた伝統的な技術だからである。

第三節　瞑想体験を実習者の心と身体の変化から解剖する

ここで瞑想状態を誘導している実習者がどのように情動をコントロールしているか、心と身体の変化を生理心理学的に計測して瞑想体験を解剖しよう。瞑想体験を言葉によってどう解説しても、薬の効能書きと同じように服用しなければその効用は分からないからだ。これまでの皆さんの体験と比較しながら、お読みいただきたい。

さきのように瞑想体験は、呼吸を介して眉間や丹田へと注意集中する止の技術（繋縁守境の止）からはじまる。実習者は脳波計や心拍計を装着して、暑からず寒からず心地よく静かな場所で坐具をあててゆったりと坐る。坐具を用いる理由は、腰を少々高めにして五つある腰椎の三番を中心に二番と四番で支え安定させる必要があるからだ。そして、心身をリセットして身体の外側から内側へと感覚を内向きに調えてゆく。自按摩の法（ヨーガの体操）で身体を七～八回動かし身体感覚に意識集中する。続いて鼻から吸って口から長く吐ききる身息を五～六回ほどおこなう。そのまま鼻から吸って鼻から吐く呼吸に切り替え、数息観をおこなってゆく。手のひらを上向きにして力を抜いて両膝あたりにおき、呼吸を数えながら身体感覚の変化、とくに重量感を手がかりに瞑想体験をはじめる。

このように止観双用によって誘導された実習者の瞑想状態を計測すると、実習者の脳波と心拍数はどう変化するのだろうか。瞑想深化の過程は、「一　行法開始後十分」「二　行法開始後二十五分前後」「三　行法開始後四十五分前後」の三段階になった。（次頁グラフ1、グラフ2参照）

この三段階の瞑想過程には、見事に情動をコントロールしている状況が表れている。それは自律訓練法と瞑想技術の構造比較に見られた「自律的ＡＳＣの誘導プロセス」の四つのプロセスと一致する。

一　行法開始直後（閉眼覚醒時）

この段階は「①訓練を始めるために、心身をリラックスさせる条件」から「②意識の身体的要素への集中」（止の技術）の実習によって、外界に向いていた意識が身体的な要素へ

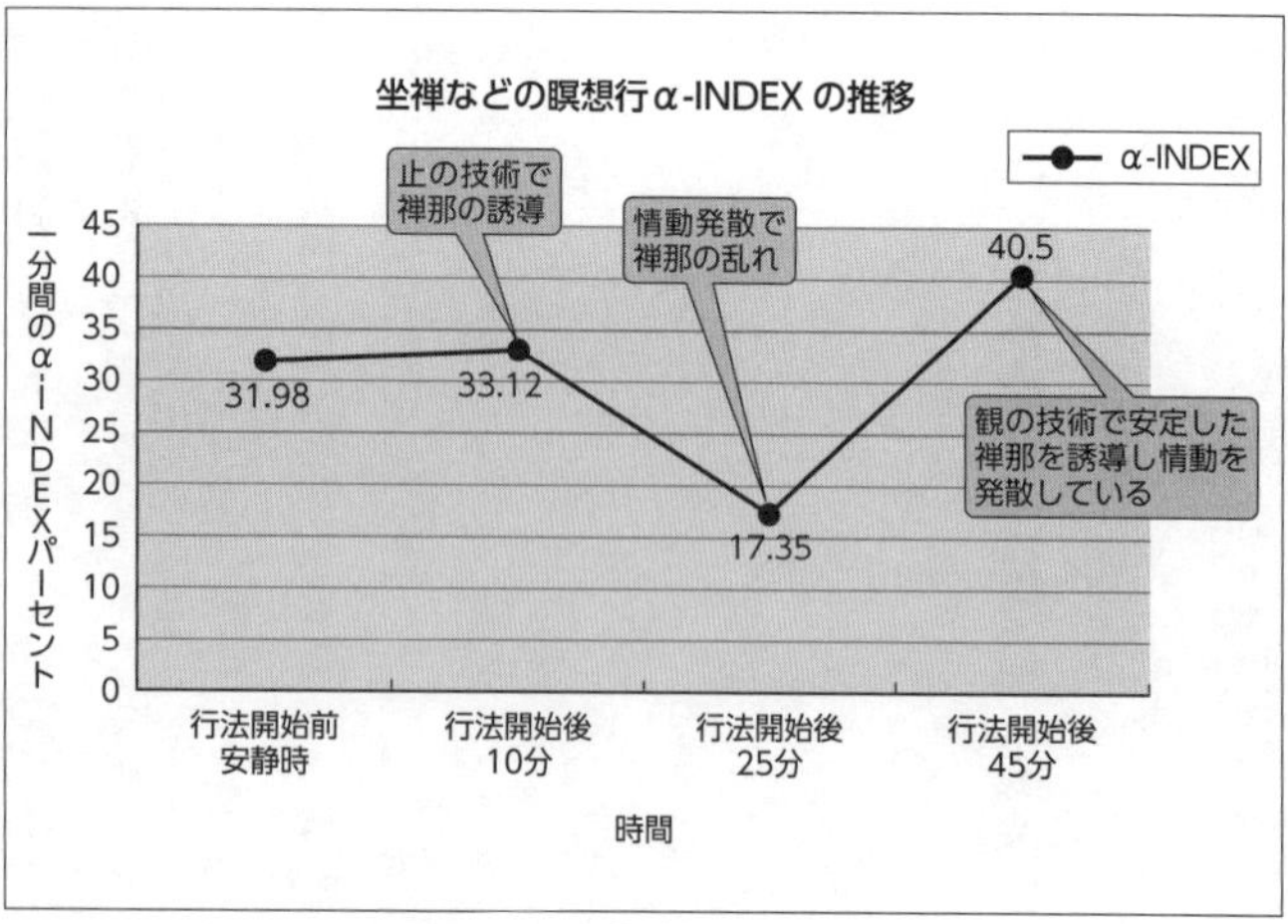

グラフ1　瞑想時の脳波

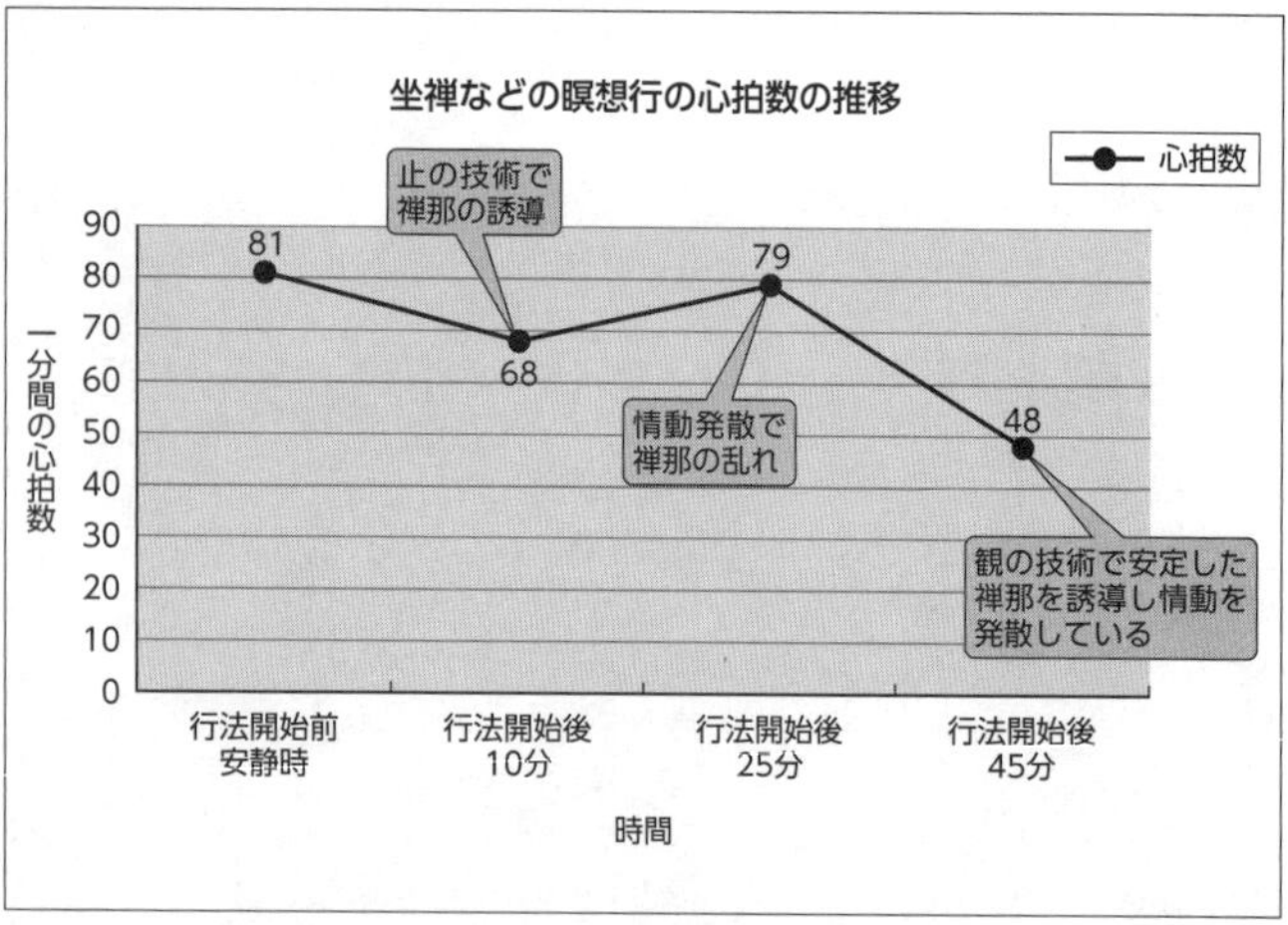

グラフ2　瞑想時の心拍

と注意集中されたことで、意識が単純化した状態を示している。また心拍数は一分間に八十回代から六十回代へと減少した。この生理状態では、自律神経系の交感神経系の機能が抑制され、副交感神経系が優位となる傾向を示している。副交感神経系が優位になって瞑想状態（変性意識状態）が誘導され、生理心理学的にリラックスが進んでいる。

二　行法開始後二十五分前後

この段階は「④その結果として生ずる心身の変化」が現れはじめる段階で、「一　行法開始直後」の瞑想状態が深まり、それに伴って生理的弛緩が身体全体に広がった。それによって個人的な無意識に取り込まれていた情動が発散しはじめ、生理的には脳波は全体としてベータ波優位の状態になった。また心拍数も一分間に七十〜八十一回へ増加して、前段階より交感神経系の機能が昂進し、副交感神経系より優位になった。前段階で誘導されていた瞑想状態が、情動発散によって生じる雑念などが刺激となって、乱されている。

三　行法開始後四十五分前後

この段階では前段階で情動発散によって瞑想状態が乱され始めたため、「③意識の精神的要素への集中」（観の技術）を実習することで、その無意識からの応答として意識野に立ち上がる精神的要素（雑念などの刺激）を受動的受容（Passive Acceptance）しながらその情動をさり気なく受け入れることで、安定した自律的ASCが誘導された。そのため情動発散が続いていても、脳波的には優勢なFMシータ波が認められ、高振幅のアルファー波が脳全体に誘導されて同期し、また心拍数も一分間に四十八回へと低下した。この生理的な状態は、情動発散により交感神経系の機能昂進は続いているが、「③意識の精神的要素への集中」（観の技術）によって副交感神経系の機能も昂進し、ともに拮抗しながら全体的には副交感神経系の機能が優位になっている。*

とくに実習者はこの段階では止観双用によって、瞑想状態を維持しながら同時に「感情の垢」を掃除し、私たちの無意識に内在する涅槃の境地（健康的な意識感覚）の意識化を促している。これらの実習者の心と身体の変化と、皆さんの体験はうまく重なっただろうか。

これまで言語的にしか表現できなかった瞑想状態が、心身の変化として数値化、グラフ化されているので、具体的に理解できたはずである。とくにこの段階で理解していただきたいことは、瞑想状態とは心身が安定する方向へと誘導することであり、自律神経系の機能ではリラックス神経と呼ばれる副交感神経系が優位になって安定する状態をいうのである。

＊　脳波とは脳の活動によって生じる電気活動のことで、およそ一秒間に二十回以上の振動（二十ヘルツ）の脳波をベータ（β）波という。日常、目を開けて活動しているときに計測される脳波である。およそ一秒間に十回ほどの振動（十ヘルツ）をアルファー（α）波という。瞑想などの、意識の注意集中によって目的対象物がなくなり、リラックスした脳波である。およそ一秒間に六回ほどの振動（六ヘルツ）をＦＭシータ（θ）波という。瞑想などによって、目的対象物により深く一点集中したときに出る脳波である。

第四節　瞑想技術の現代的な定義

ここでは瞑想技術が情動をコントロールする技術であることを前提に、瞑想を仏教用語から定義してみよう。まさにこれが現代に要請される仏教の定義である。瞑想技術としての止観業は、伝統的に意思（マナス）の上に「観る自分と観られる自分の関係（識別、ヴィジュニャーナ）」の状態である禅那（ディヤーナ）を誘導することが中心課題である。瞑想技術によって、私たちの身体の外側から内面（古典的な表現では麁から密）へと、身体的な要素から徐々に離れて精神的な要素へと内面化してゆき、最終的には禅那から三昧の状態になり、純粋な精神世界（識陰、マナス）そのものになることである（次頁図参照）。

この瞑想状態は仏教用語では禅那のことであり、「静慮」と訳され、仏教的な内観を意味する。これによって私たちの感覚は周囲の現象に翻弄されない状態になり、心身が統一されるのである。この瞑想状態を誘導するための技術が止観双用である。止と観の技術を臨機応変に応用すると、禅那が深化して「観る自分と観られる自分の関係」が統一された

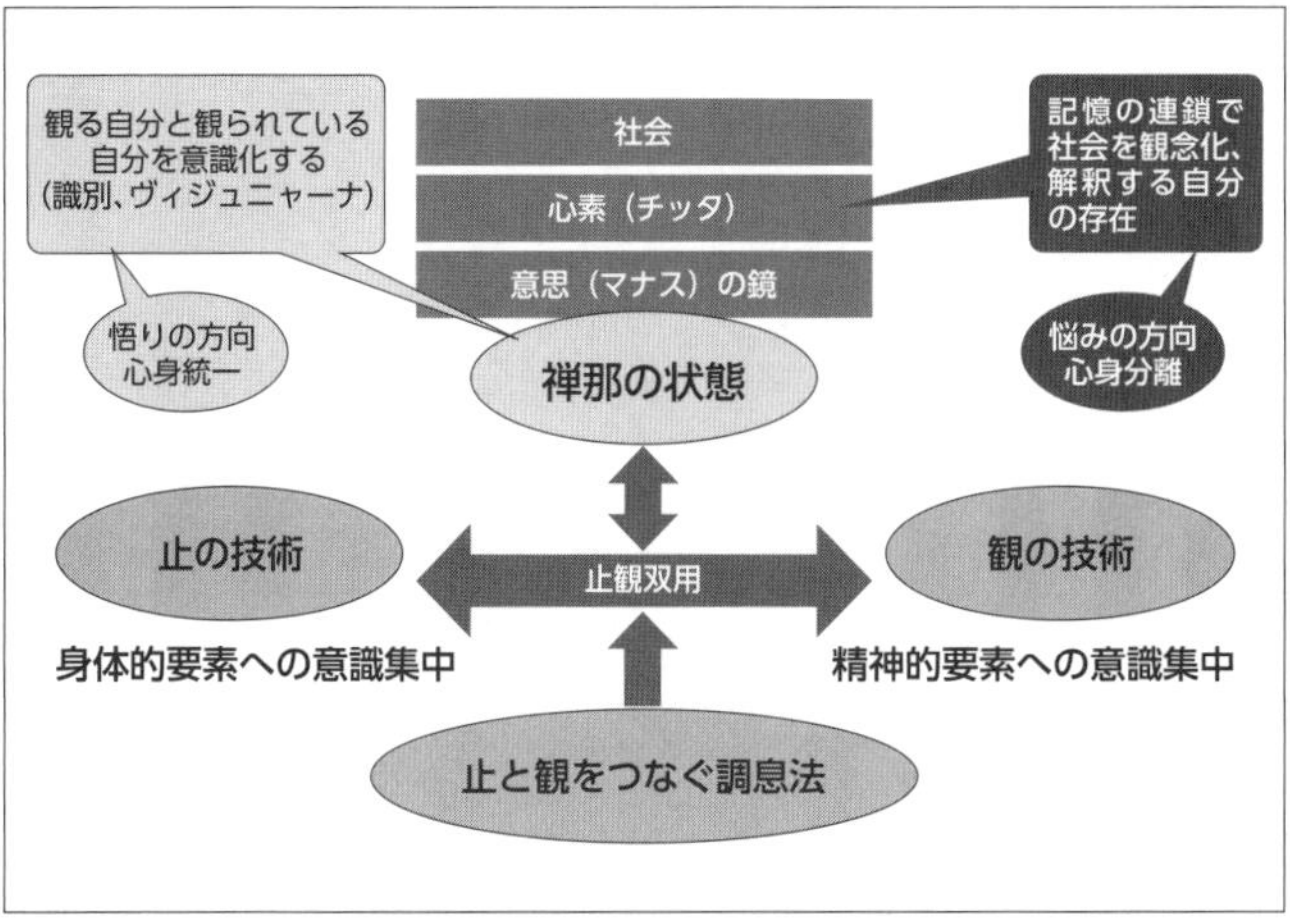

瞑想とは呼吸法で禅那になること

状態である三昧（サマーディ）が誘導される。通常、私たちの意識は、意思（マナス）の鏡に映る事象を心素（チッタ）の記憶連鎖によって観念的に認識している。この記憶連鎖によって執着が生じて意思の鏡が波立つ。これが煩悩（クレーシャ）である。この波立ちを静めるために、調身・調息・調心（修行の三事）として、身体感覚への集中、呼吸感覚への集中、心への集中、観ている自分と観られている自分への集中によって内面化させながら、意思の波立ちを静めているのである。

ところで、近年、瞑想技術を集中型・観察型・歩行型・ヨーガ型などさまざまに分類する試みがおこなわれているが、それはいずれも修行者の行住坐臥にわたる行体からの分類に過ぎない。さきのように瞑想技術は情動をコントロールする技術だと分かれば、それはさまざまな行体において止観双用して禅那から三昧の状態を誘導する技術であると結論できるのである。

瞑想技術の解説書である『摩訶止観』（中国、六世紀）には、瞑想（止観双用）とは禅那・三昧の状態を誘導することと規定されており、その行体によって四種三昧が示される。

「常坐三昧」はじっと坐ることに集中して瞑想すること

「常行三昧」は回峰行のようにある目的をもった行為に集中して瞑想すること

「半行半坐三昧」は経文読誦の音声そのものに集中して瞑想すること

「非行非坐三昧」は見返りを求めない無為の行為そのものに集中して瞑想すること

であると示される。

またヨーガ瞑想の解説書である『ヨーガ・スートラ』（インド、五世紀）には、「ヨーガとは心の働きを止滅することである。」（三昧章一―二）と規定され、その階梯に八段階あり、最終の段階には禅那・三昧の状態を誘導することが示されている。そして、四大ヨーガの相違も禅那・三昧を誘導する行体の相違として、

カルマ・ヨーガは行為に集中することで
バクティ・ヨーガは神様を希求することで
ラージャ・ヨーガは自己の良心を内観することで
ジュニャーナ・ヨーガは知恵による分析に集中することで

禅那・三昧を誘導している。ともに瞑想技術が情動をコントロールする技術であることに立脚すれば、瞑想技術にはさまざまな行体があるとしても、止観双用によって禅那・三昧の状態を誘導することであると定義できるのである。

またテーラワーダ仏教（Theravada Buddhism）の修行法であるサマタ瞑想・ヴィパッサナー瞑想（止観業）の手順についてさまざまな議論がおこなわれているが、瞑想技術が情動コントロール（Emotional Control）にあることに気づけば、止の技術と観の技術は不離即で、止観双用という止と観の技術の臨機応変の応用によって、安定した情動発散がおこなわれるように構築された技術であると分かる。

そもそもテーラワーダ仏教の瞑想技術は、天台止観と同じように、サマタ瞑想とヴィパッサナー瞑想に分けられる。まずはサマタ瞑想によって禅那と呼ばれる瞑想状態を誘導する。これは仏教以前にもインドでは広くおこなわれていた方法である。ヴィパッサナー瞑想とは禅那によって変化する自己意識の内面を観察（内観）する瞑想技術で、釈尊が新しく開拓し悟りを開いた仏教独自の方法だといわれる。

伝統的な瞑想技術では、意識集中する凝念（ダーラナー、精神集中）から定（サマーパッティ）と呼ばれる瞑想状態を誘導して、そこからヴィパッサナー瞑想（観想）をへて悟りにいたるとされる。とくにテーラワーダ仏教では、最初にサマタ瞑想により第初禅定から第四禅定の階梯を昇り、そこからヴィパッサナー瞑想で観想するテクニックがおこなわれた。また大乗仏教ではサマタ瞑想とヴィパッサナー瞑想の双方を同時に修養していくことが重要視されていた。世界的に広まったヴィパッサナー瞑想は、この定と観の両方（止観双用）を目指すマハシ系とゴエンカ系の瞑想技術である。

現代では、在家信者のためにより簡便な瞑想プログラムを組む必要が生じたため、時間のかかるサマタ瞑想の修行を省略し、最初からヴィパッサナー瞑想のみを修行していく方法が、レディー・サヤドゥ、ウ・バ・キン、マハシ・サヤドゥ、アジャー・チャン、サティア・ナラヤン・ゴエンカら複数の僧侶や修行者によって組織化されている。これが現代において「ヴィパッサナー瞑想」と称される瞑想法で、ミャンマーを中心としたスリランカやタイなどのテーラワーダ仏教圏から発信され、現代社会に広く受け入れられている。

まさに瞑想技術が情動コントロール（Emotional Control）にあることに気づけば、止観双用の技術によって安定した情動発散がおこなわれるように構築されているのであって、始めにサマタ瞑想、その後にヴィパッサナー瞑想というように単純に定形化することができないと分かるのである。

第五節　瞑想技術と意識変容

ここで瞑想技術と心理療法の効用について話しておきたい。それは自律訓練法の「④その結果として生ずる心身の変化」のことである。瞑想技術（『天台小止観』）の「善根が発する相」では情動発散の諸相として①「息道の善根が発する相」については、自律訓練法とよく一致し、生理心理学的な評価を含めて、瞑想技術が情動コントロールの技術であることを裏づけてくれた（第三章第二節五）。しかし、情動発散のパターンがよく一致するいってても、自律訓練法は心理療法として神経症や心身症などの症状によって起きる社会的な不適応を改善するように構築されている技術である。つまり、それは病的な心理を前提にして構築された瞑想技術ということである。

ところが、瞑想技術は止観双用によって情動をコントロールし、悟りに向かって自己探求する技術である。それはまさに健康的な意識感覚の探求である。その目的は仏心や仏性（ブッダ・ダートゥ）を意識化することであり、そこには自律訓練法にはない記述が多く存在する。とくに「善根が発する相」の「不浄観の善根が発する相」「慈心の善根が発する相」「因縁を観ずる善根が発する相」「念仏の善根が発する相」を熟読すると、瞑想技術によって禅那から三昧の状態を誘導する間に、病理ではなく健康的な意識感覚が表出する様子が示されている。

さきには自律訓練法の技術で誘導される一種の瞑想状態を変性意識状態と表現したが、そのような意識状態を「国際疾病分類　第十版」（ＩＣＤ／10）や『精神障害の診断と統計の手引き』（ＤＳＭ）などの医療分類では、意識状態は通常と異なり病的であると規定される。それは精神医学などの医療分野の学問が、患者を通常と異なる意識状態から健常な意識状態へと改善し、社会に適応させることを目的としているからである。そのため瞑想技術によって誘導される禅那・三昧の状態など、通常とは異なる意識変容を理解するには、少なくとも病理ではなく健康的な心理の探求という視点が必要である。ここではＡ・Ｈ・マスロー（一九〇八〜一九七〇）のいう健康心理学の視点から「善根が発する相」の他の四つを詳細に読んでみよう。

一　不浄観の善根が発する相

前述のように心身が安定して妄想が起こらない状態で瞑想状態を維持していると、突如として人が死んでその身体が朽ち果ててゆくあり様を感じて、男女の所愛を思い煩うことがなくなる（九想善根発相）。またその中で自分自身の頭蓋骨から足までが関節でぶら下がっている様子を感じて、無常を悟り五欲を思い煩うことがなくなり、自分ばかりではなく人への執着もなくなる（八背捨善根発相）。あるいは自分の内身や外身、鳥や獣、身に付ける物、さらに飲食物、家屋、山林などの全てが不浄に感じる（大不浄善根発相）。

要約すると、瞑想状態の中で肉体的な欲望や物質的な欲望である五欲を否定する感覚、不浄感覚など健康的な意識感覚が表出するという。

二　慈心の善根が発する相

また同じように瞑想状態を維持していると、突如として人々を慈しむ念が生じたり、あるいは親しい人が安らぐ姿を見ただけで深い瞑想体験をしたり、身も心も清浄を感じその悦びは喩えようもなく、また瞑想体験の後も心は和やかになる（慈心善根発相）。さらに慈・悲・喜・捨の四無量心も生じてくる（四無量心善根発相）。

要約すれば、瞑想状態の中で生きとし生けるものへの慈念、内心の清浄感、悦楽感が表出し、さらに禅定後にもその感覚が残って顔色は常に和やかになるなど、健康的な意識感覚が表出するという。

三　因縁観の善根が発する相

また同じように瞑想状態を維持していると、突如として迷いが去って、瞑想状態の中で十二因縁を順観して「無明によってさまざまな心的活動（行）が生じ、それによって識別作用（識）が始まり、そこで存在への執着（名色）が生じ、六根（眼、耳、鼻、舌、身、意）の対象となる色・声・香・味・触・法（六入）が生じる。さらに六入に見合った外界の接触（六触）が生じ、感覚器官によってそれを感受し、そこに愛欲が生じ、執着（取）が生じ、実体（有）が生じ、生まれ、そして老死が生じる」と推尋すると、過去・現在・未来の三世にわたって、人の心中に我という実体のないことに気づき、心に法喜は生じて、世俗を思うことはなくなる。さらに五蘊（身心の有為法）、十二処（心理作用の分類）、十八界（六根と六境に対応する六識の総称）の分析も十二因縁と同じである（因縁観善根発相）。

要約すれば、瞑想状態の中に迷いが去って、人我の実体を見ることがなくなり、安穏のうちに分別を離れ、その法喜によって世俗を思わなくなる健康的な意識感覚が表出するという。

四　念仏の善根が発する相

また同じように瞑想状態を維持していると、突如として功徳や言葉で表現できない諸仏の姿、また特殊な能力、何事にも怖畏することなく自信をもって法を説く姿などが心中に深く銘記されるようになる。このときには敬愛の心が生じて、三昧の状態が開発《かいほつ》され、身心快楽、清浄安穏となって諸々の悪想がなくなる。瞑想体験の後も身体は心地よく、その功徳によって人に敬愛されるようになる（念仏三昧善根発相）。

またこの瞑想状態の中でさまざまな善根が発する相も、同じように理解すべきである。経文には「意識を一カ所に集中して動揺することがなければ、どのような状態も克服できる。」（「制心一処、無事不辦」『遺教経』、大正一二、一一一一頁上）という。

要約すれば、瞑想体験の中で自分自身に仏の相好や徳性が具《そな》わっている感覚が表出し、そこで三昧が開発されると、身心快楽、清浄安穏となって悪想がなくなる。さらに瞑想体験の後も身体は心地よく、その功徳があらわれて人に敬愛される健康的な意識感覚が表出するという。

このように健康的な意識感覚の表出が述べられているが、とくに「四　念仏の善根が発する相」などは、私たちの内心の欲求として「仏になりたい」という肯定的な意識感覚の表出、肯定的な感覚の意識化といえる。このような意識変容の体験は、瞑想によって意識化されるばかりではなく、じつはメスカリンやＬＳＤなどの幻覚剤を利用した意識変容の研究報告とも共通するのである。O・ハックスレー（一八九四〜一九六三）の幻覚剤を用いた実験では、同一の被験者に同じ幻覚剤を投与したときに経験した意識変容が、あるときには天国の至福の体験（広大さ、自由の感覚、光明など）として、あるときには地獄の恐怖の体験（拘束の恐怖、悪夢、抑圧、暗闇など）として経験されたという。これは私たちが経験する意識感覚の多様性を示すものであり、宗教的な意味合いの天国や地獄、極楽浄土や穢土という言葉の源泉になっているという（『知覚の扉・天国と地獄』今村光一訳、河出書房新社、一九七六年）。

また心理療法に共通する意識の統合性から眺めれば、それらの体験はC・G・ユング（一八七五〜一九六一）がいう個性化の過程と共通する。私たちの夢や幻想という価値判断や感情的なしがらみから離れた状態、自分自身の思惟からの離脱した体験によってもたらされ、自分のいのち（the Self）と出会うために、失敗や誤謬といった自分自身のあるがままを肯定する道である。この個性化の過程で自己実現（Self-Actualization）することができ、自己の潜在的な可能性・創造性・成長力が開花するというのである（『東洋的瞑想の心理学』ユング心理学選書、湯浅泰雄・黒木幹夫訳、一九八三年）。

それはまたA・H・マスローがいう至高経験（Peak Experience）とも共通する。その体験は宇宙全体が統一されたと知覚されることで、きわめて深刻な魂を揺さぶる経験、それ以後その人の性格と世界観を一変する経験だという。マスローは二人の被験者をあげ、この経験によって一人は慢性不安神経症が、もう一人は強度の自殺脅迫観念が、即座にしかも永久にすっかり治ったというのである。マスローは欲求階層論（生理的欲求、安全と安心の欲求、所属と愛の欲求、承認欲求、自己実現欲求）を提起して、人間にとって究極の恍惚感（陶酔感）と歓喜の感情を感じる体験として「至高体験」を定義し、それを自己成長の可能性を持つ欲求という意味で実現欲求（Self Actualization）と呼んでいる（『創造的人間』佐藤三郎・佐藤全弘訳、誠心書房、一九七二年）。

さらにスタニスラフ・グロフ（一九三一〜）がLSDの臨床や、呼吸法・マッサージ・音楽を組み合わせたホロトピック・セラピーを用いた現代の意識研究の中で、人間の意識の領域にははっきりとした境界や区分は存在しないが、便宜上、人間精神と対応する体験を互いに異なる四つのレベルもしくは領域に分けることができるという。その四つは、①感覚的障壁、②個人的無意識、③誕生と死のレベル、④トランスパーソナルの領域に分類され、これらの体験は大半の人にとって、きわめて容易に接近できるものだという。さらにそれらは向精神性薬物を使ったセッションやさまざまな形の現代の体験的心理療法ばかりではなく、古代や東洋の精神的、霊的修行の中には、こうした出来事を促進するために考案されたものが多くある。またこうした体験の多くは自然発生的な非日常的意識状態でも起こり得るものであるといい切っている（『脳を超えて』吉福伸逸・星川淳・菅靖彦訳、春秋社、一九九八年）。

このように瞑想技術によって誘導される健康的な意識感覚の表出や意識変容の多様性は、ハックスレーのいう意識の多様性の問題、また心理療法に共通するユングの個性化、マスローの自己実現、グロフのトランスパーソナルなどに共通する意識の統合性のことである。これらによって仏性・仏界という言葉はこれまでのように観念的で形而上学的な言葉ではなく、私たちに内在する健康的な意識の表出として、経験科学の分野から意識研究の可能性が開かれたといえる。瞑想技術による禅那・三昧の誘導過程で情動発散によってストレスが解消すると、私たちの内心の欲求として「仏になりたい」という肯定的な意識感覚（念仏の善根が発する相）が表出してくるのである。この肯定的な感覚の意識化こそが、「一切衆生悉有仏性」の論拠となる仏性・仏界という言葉の裏づけとなっていると考えられる。仏教用語はたんなる観念的なものではなく、瞑想技術によって私たちに内在する肯定的な感覚が意識化され、体験的に表現された言葉なのである。

また後述（第六章第一節五参照）するが、幻覚剤を用いた天国の至福や地獄の恐怖体験は私たちの意識の多様性を示しているが、「善根が発する相」における「念仏の善根が発する相」の「仏になりたい」という肯定的な意識感覚の表出などは、瞑想技術の実習者たちは僧院の中で戒・律を保つことで利己的な欲望を離れ、さらに清貧な仏教生活によって心身を養うなど、その肯定的な生き方によって導き出せた体験だと考えられる。このような健康的な意思感覚の表出には、僧院における仏教生活の全般が関係しているのである。

第六節　お釈迦さまの瞑想体験を考える

これまで心身分離の社会が要請する心身統合の科学から瞑想技術を評価し、瞑想技術とは情動コントロールの技術であることを明らかにしてきた。これは瞑想技術を現代的に理解する重要なキーワードだからである。

ところで、仏教とはお釈迦さまの瞑想体験そのものだから、お釈迦さまの瞑想体験が明らかにならなければ瞑想技術を理解したことにはならない。とくに現代の宗派仏教の感覚では、各宗派の宗祖の数だけ、経文の数だけ仏教が存在して、実際には収拾がついていない。また近年は仏教の各宗派の主張は思想信条というよりイデオロギーに近いものがあり、それも自分たちの組織内の言葉でおこなわれているために、世間から敬遠されている。仏教ブームといいながら、地域興しや観光スポットで伝統的な七堂伽藍や仏像が持て囃されているだけで、仏教への信心によって人々の日常生活が健康生活へと改善されているわけではない。そこで「瞑想技術とは私たちの情動をコントロールする技術である」というキーワードから、お釈迦さまの瞑想体験としての仏教を捉え直してゆこう。瞑想技術が注目されている現代にあって刺激的なテーマである。「仏教とはお釈迦さまの瞑想体験そのもの」、ここからはじめよう。

ところで、近ごろはヨーガ（ヨガ）がちょっとしたブームになっていることをご存じであろう。東京ばかりではなく全国の大都市近郊では、ヨーガ教室の看板の掛かったオフィスビルが目につく。各地のスポーツセンターやカルチャーセンターでもヨーガ教室が開設されているほどである。駅に隣接する書店などを覗いてみれば、女性誌の表紙を飾っているのは、ヨガ・マットを小脇に抱えヨガ・スーツに身を包んだスリムな女性たちのな姿ばかりだ。そんなヨーガはたんなる流行文化に止まらずに、すでに日本の生活文化や芸術文化をリードする俳優や新進作家から料理研究家など多くのクリエーターによって実践されている。さらにはオリンピックの強化選手の指導や、統合医療の一つとしてヨーガ療法が医療界に取り入れられるなど、日本人の精神文化を支えるまでになっている。

ちょっと余談だが、「ヨガ」と「ヨーガ」という二つの似通った言葉を使っているが、ご存じのようにローマ字で書けば「ＹＯＧＡ」である。インドでは「Ｏ」の発音を二重母音で発音するので「ヨーガ」となるが、英語として発音すれば「ヨガ」である。すると近ごろの「ヨガ・ブーム」は、インド由来の「ヨーガ」ではなく欧米経由の「ヨガ」だと分かる。

一般的にヨーガは健康法の一つとして、呼吸法を上手に使った柔軟体操のように思われているが、じつはヨーガ修行（ヨーガ・チャリヤー）のことで、ヒンドゥー教（インド教）を支える瞑想技術のことである。仏教文献では梵行《ぼんぎょう》（ブラフマ・チャリヤー）と呼ばれている。この瞑想技術はインダス文明にまで遡ることができ、その歴史はおよそ五千年に及ぶという。また視野を広げてインド文化として仏教の開祖であるお釈迦さまを表現すれば、ヨーガ行者（ヨーギン）と呼ぶことは決して間違いではない。

お釈迦さまの説かれた仏教をその起源へと遡れば、およそ二五〇〇年前にシャカ族の王子として生まれたガウタマ・シッダールタに行き着く。この娑婆（忍土）で生きる限り、私たちは生老病死の四苦を経験する。この生死が人間の根本苦である。仏教はガウタマ・シッダールタが、この根本苦をヨーガ修行によって解決しようと試みたことにはじまる。ガウタマは当時の文化国であるヴリッジ国のヴァイシャーリーでアーシュラム（ヨーガ道場）を運営していた聖者アーラーダ・カーラーマ大師と、当時最高の文化国家だったマガダ国のラージャグリハ（王舎城）郊外のパーンダヴァ山でアーシュラムを運営していた聖者ウドゥラカ・ラーマプトラ大師に師事したことが伝わっている。しかし、ガウタマは彼らの指導にしたがってヨーガに専心したが悟れずに、早々に二師の元を離れている。

その後は一人でヨーガに励んだという。その修行法はさきの二師の影響を受けているため、悟りを妨げる欲望は「肉体の働きから起こる」とする苦行の道を選び、肉体を苦しめることによって欲望を断ち切り心の平静を得ようと試みた。仏教の伝説によれば、「一日に一粒のゴマや米などで身体を養い、また何日間も食事どころか水までも断ち、長時間息を止めて瞑想するなど極度の苦行に専心した」という。しかし、ガウタマはこのままでは身も心も衰えるばかりで、とても悟ることはできないと気づき、それまでの苦闘の垢をナイランジャナー河で洗い落とし、村娘のスジャーターから乳粥の供養を受けて精気を取り戻し、ヨーガによる苦行の道を断念した。

そして、遂に苦行を捨てて菩提樹の下に坐して瞑想すること七日間、無上正覚（アヌッタラ・サンミャク・サンボーディ）と称せられる悟りの境地に到達し、ガウタマは生死の根本苦を克服し絶対的な安心を体験した。その体験は苦行にも快楽に偏らない中道と呼ばれた。苦行を断念したことは、ややもすればお釈迦さまはヨーガまでも捨て去って、中道と呼ばれる何か新しい瞑想技術を開発したように思いがちだが、実際にはヨーガによって偏りのない中道を歩んだのである。これによってブッダになり、シャカ族の聖者、シャーキャ・ムニ・ブッダ（釈迦牟尼仏）と称せられた。お釈迦さまのこの瞑想体験によって仏教ははじまったのである。まさにこの意味で仏教とは「楽になったお釈迦さまの、楽になるための教えと、その方法」であり、それは四苦八苦（生老病死・怨憎会苦・愛別離苦・求不得苦・五陰盛苦）の解決法として機能していた。

ところで、このお釈迦さまの抜苦与楽の体験とは、いったいどのような体験だったのだろうか。仏教学の言葉では、お釈迦さまの宗教体験は、無分別（ニル・ヴィカルパ）の体験によって智慧（ジュニャーナ）を獲得したと表現される。これが無分別智である。この無分別の体験は、通常私たちが自分と呼んでいる意識（分別、ヴィカルパ）と対比されるもので、理性的に事事物物を判断し、分析し、概念化する過程を離れた状態のことである。

死をつかまえて、死とは何か、死後はどうなるのかと、分別し観念化することは、その過程そのものが自分自身を死の恐怖へといざなう煩悩（クレーシャ）である。この分別の状態を離れて、無分別の状態（解脱、モークシャ）を体験することが仏教の目的になるわけだ。それを機能的（functional）に表現すれば、生死の現実を分別していない身心の状態であり、仏教ではその状態を禅三昧（ディヤーナ・サマーディ）と呼ぶ。とくに三昧の状態は心身統一によって誘導される状態で、お釈迦さまはそれによって大脳前頭野（理性脳）の思考による分別を離れて、右脳（感性脳）を中心とする感覚的な無分別の状態を体験したといえる。その体験によって身体性に起因する生老病死の四苦を離れ、純粋な精神性の本質を体験的（感覚的）に捉えたと理解できる。これらの詳細はゆくゆく明らかになる。

またそれをお釈迦さまのフルネームから理解すれば、「シャーキャ・ムニ・ブッダ」（釈迦牟尼仏）とはブッダになったシャカ族の聖者（ムニ）という意味になる。とくにこのムニという言葉には「寂黙を守る聖者」という意味があり、お釈迦さまは瞑想技術によって自らの心を内観していたこと、自分自身に沈潜していたことを物語っている。現代でもインドではムニを始め「リシ」や「ババ」はともに聖者のことで、ヨーガ行者と同じであり、インド文化から眺めれば、お釈迦さまはまさにシャカ・ムニと呼ばれたヨーガ行者ということになる。

このようにお釈迦さまがヨーガ行者だったことが分かると、お釈迦さまはどのようなヨーガ修行を実践したのか、どのようなヨーガ修行のテクニックで、どのような体験をしたのかが気になる。仏伝にしたがえば、お釈迦さまはアーラーダ・カーラーマからは無所有処（何にも執着しない境地）の瞑想体験を、ウドゥラカ・ラーマプトラからは非想非非想処（認識する意識作用もない境地）の瞑想体験をしたという。* いまとなってはこの体験を具体的に知る手段は見つからないが、これらと類似する体験は『ヨーガ・スートラ』に「ヨーガとは心の働きを止滅することである」（三昧章一－二）とある。心の働きが止滅してしまえば、五欲などの欲望に翻弄されない状態となり、それが悟りの境地となる。さきに仏教学の言葉で、お釈迦さまの悟りは無分別の体験にあるといったが、それは私たちが理性的に事事物物を判断し、分析し、概念化する過程を離れた状態を指していた。そのような心の働きが止滅したとき、まさにそれは無分別の体験そのものである。

仏教でいう「心」はチッタの訳語で、心素とも訳される。じつは物事を理性的に考えていても、心の中に蓄積された記憶の連鎖が素となって「ああでもない、こうでもない」と連鎖が続くだけで、たんに過去の記憶を頼りにいま現在を判断しているに過ぎないのだ。そして、その判断に意思（マナス）が働いて執着が起きれば、それが煩悩となるのである。簡単に解説すれば、私たちはこの眼前に見える現実世界に実体があると思っている。しかし、この世界は私の意思の鏡に映っている世界を認識しているだけだから、それはあくまでも観念的な世界である。

ところが、その現実世界が私の意思の鏡に映し出され観念化されると、その瞬間から映し出されている世界の画像はゆがんで見えるようになる。映し出された現実に一喜一憂する感情によって意思の鏡が波立つからである。そこで心の働きが止滅してしまえば分別も止まり、当然その境地は無分別の状態になる。無分別の状態になると意思は執着する対象を失って煩わされることがなくなり、そこに安楽な体験がもたらされるのである。

ところで、お釈迦さまは無分別の体験をしていながら、どうして二師から離れたのだろうか。仏伝によれば、二師のヨーガ修行は、悟りをさまたげる欲望は「肉体の働きから起こる」として食事を極端に制限したり、長時間息を止めて瞑想するなど肉体を否定する苦行の道だったからだという。それを解く手がかりは釈迦牟尼仏の呼称にあった。さきにムニは寂黙を守る聖者の意味で、お釈迦さまは瞑想技術によって自分自身を内観していたといったが、無所有処や非想非非想処という深い瞑想体験をしていても、極度の苦行によって心身が疲労しきっていては、正しい内観ができないことに気づいた。

そう気づいたお釈迦さまは苦行を捨て、ひたすら数息観（アーナーパーナ・スムルティ）を実践したという。内観とは観ている自分と観られている自分の関係から自分自身に気づくこと、自分の本質を意識化する技術である。お釈迦さまは数息観によって内観していたのである。通常私たちは無意識に呼吸をしているが、数息観という瞑想技術は、まず意識的に呼吸をおこなうところからはじまる。呼吸も吸気は反射として自動的におこなえるが、呼気は「息を吐こう」という意思が必要である。まず呼吸の快さに意識を向けて、ゆったりと吐く息に意識集中し、ゆったりと長く吐いてから、またゆったりと吸って呼吸を数える。呼気・吸気の割合が二対一の呼吸法をおこなっていた。ただゆったりと坐って呼吸を数える、現代ヨーガで内気を調え気分を安定させる呼吸法である「ナーディ・ショーダン・プラーナーヤーマ」のように、二対一の呼吸法をただひたすらに実践する易行中の易行を実践したのだ。これが中道と呼ばれたお釈迦さまのヨーガ修行法で、『安般守意経《あんぱんしゅいきょう》』として伝わっている。

このように仏教をお釈迦さまの瞑想体験から眺めると、現代の宗派仏教の枠組みを離れて仏教そのものを捉え直すことができる。お釈迦さまの瞑想体験がどういう体験だったかといえば、まさに心の働きが止滅した体験、無分別の体験そのものだということが分かる。

＊　これらの瞑想体験は、仏教学では意識状態から「色界の瞑想体験」と「無色界の瞑想体験」に二つに分類される。色界の瞑想体験は、心身相関により生じる意識レベルの瞑想体験で、初禅から第四禅までの四つに分類される。無色界の瞑想体験は、心身相関を超えた感性レベルの瞑想体験で、「空無辺処」「識無辺処」「無所有処」「非想非非想処」の四つに分類される。お釈迦さまが二師から修得したのは、無色界の中でもより深い瞑想体験であることが分かる。やがて明らかになるが、瞑想技術が「止の技術と観の技術」を臨機応変に応用する意味がここに隠されている。

第七節　現代の宗派仏教を瞑想技術として眺める

これで現代の宗派仏教の問題点が明らかになったと思う。そもそも仏教とはお釈迦さまの瞑想体験そのものである。その体験に由来する経文を自らが追体験することなく観念的に解釈しようとするところに無理がある。仏教と称して各宗派の仏教思想や、さまざまな仏教哲学が存在するのもそのためだ。思想信条は観念的な思惟によってどのようにも解釈できるが、その前提はお釈迦さまの無分別の体験だということを忘れてはならない。仏教がお釈迦さまの瞑想体験ならば、それはお釈迦さまの心の中でおこなわれた実験（心理実験）そのものだ。ならば経文は私たちにとって検証される前の仮説である。その仮説の真偽は、自分自身の心理実験室で追体験しなければ確認できない。

とくに無分別の体験は、事物を分別し判断することから離れた内的な感覚の世界だから、一般的な思惟から離れた体験である。そして、無分別の世界から分別の世界へ、感覚的な世界から理性的な世界に戻って体験を言語化するには、必ず有無の二辺、右か左という分別が前提として必要になる。それを言語化すれば有我論か無我論か、有神論か無神論か、どちらかの立場を設定しなければならない。私は瞑想技術の基礎になる禅那の源流を求めて、海抜四三〇〇メートルを超えるインド・ヒマラヤの高地で、低酸素と寒さに耐えながらヨーギンたちとともに瞑想することがある。すると大学で仏教学などを学んだ方々は、そんな私の姿に興味津々で必ずこう問いかける。「影山さん、ヨーガ行は有我論ですよね、仏教は無我論ですよね、矛盾しませんか」と。これなどは瞑想体験を思想信条として捉えている典型的な事例で、無分別という言葉を哲学的に理解しているために、これが体験的な言葉だということに気づけないのである。

無分別の体験を思想信条にもとづいて解説することは有用なことであっても、それはあくまで方便であって真実ではない。禅宗では経文を指月《しげつ》ということがあるが、経文は月を指す指のようなもの。指を見るのを止めて、月そのものを見ることが大切である。自分で月を見れば月の美しさは分かるという。

まさに仏教が私たちに教えていることは、お釈迦さまの瞑想体験の追体験に他ならない。さきに引用した『ヨーガ・スートラ』は別名『パタンジャリ・スートラ』といい、それまでインドの修行者が数千年にわたって伝承してきたヨーガの瞑想技術を、パタンジャリ大師が集大成したものだと伝えられている。この『ヨーガ・スートラ』はインドでは超宗派的なもので、多くのヨーギンたちが弟子の養成に使用している。インドで現代ヨーガの始祖と謳われるヴィヴェーカ・アーナンダ大師が、一八九三年米国シカゴで開催された第一回世界宗教者会議で講演したのもこの『ヨーガ・スートラ』で、「パタンジャリのヨーガ修行の格言、その評論とサンスクリット原義の用語解説」(Also Pantanjali's Yoga Aphorisms, with Commentaris and Gloosary of Sanskrit Terms.) と題されたものである。

これほどポピュラーなヨーガ修行の指南書には、ヨーガ修行の八階梯が示されている。

ヤーマ（禁戒）は悪いおこないを止めること
ニヤーマ（勧戒）は善いことは進んでおこなうこと
アーサナ（坐法）は身体運動で粗雑な身体感覚を意識化すること
プラーナーヤーマ（調息）は呼吸で微細な感覚を意識化すること
プラティヤーハーラ（制感）は意識化した内的な感覚を養うこと
ダーラナー（集中）は内的な感覚に意識を集中すること

ディヤーナ（禅那）は観ている自分と観られている自分で意識を相対化すること
サマーディ（三昧）は相対化した意識を統一すること

だとある。

『ヨーガ・スートラ』は、この一連の瞑想技術によって「心の働きを止滅する」ことを目指している。

ところで、現代の宗派仏教に伝承する瞑想技術を概観すると、およそ仏教史上ではインド、中国、日本の三国を通じて、天台大師（六世紀、天台宗の開祖）が著した瞑想技術の指導書『摩訶止観』『天台小止観』の両書が、仏教の修行法を代表する坐禅の作法とその実際を解説する指導書の中で最も優れている。歴史上これほど精密に整理され体系づけられた坐禅儀は類を見ないばかりか、禅宗の各門流において作られた各種の坐禅儀や修証儀でも、諸宗の章疏において坐禅の作法を解説する上でも、常にこの両書が用いられているからだ。現代仏教でも天台宗では瞑想技術を止観業と呼んで『摩訶止観』に見える四種の瞑想技術（四種三昧）を実習する。そこでも坐禅の具体的な作法については『天台小止観』

の方がより実際的で詳しいために、作法とその実際は『天台小止観』の解説にしたがっている。また瞑想体験による心の進化（証悟）を計るには『摩訶止観』の解説にしたがっている。

この日本天台宗の総本山である比叡山延暦寺は伝教大師最澄の開創以来、天台法華の教えのほか、密教、禅（止観）、念仏もおこなわれ、仏教の総合大学の様相を呈しており、瞑想技術については『摩訶止観』『天台小止観』の両書を相伝にしたがって実習していた。この延暦寺は「日本仏教の母山」と称せられるほど数々の名僧を輩出し、鎌倉新仏教の開祖や、日本仏教史上著名な僧の多くが若い日に比叡山で修行している。

日本天台宗の基礎を築いた円仁（慈覚大師、七九四〜八六四）
円珍（智証大師、八一四〜八九一）
比叡山中興の祖良源（慈恵大師、九一二〜九八五）
『往生要集』の著者源信（恵心僧都、九四二〜一〇一七）
融通念仏宗の開祖良忍（聖応大師、一〇七二〜一一三二）
浄土宗の開祖法然（円光大師、源空上人、一一三三〜一二一二）

臨済宗の開祖栄西（千光国師、一一四一～一二一五）
『愚管抄』の著者天台座主慈円（慈鎮和尚、一一五五～一二二五）
浄土真宗の開祖親鸞（見真大師、一一七三～一二六二）
曹洞宗の開祖道元（承陽大師、一二〇〇～一二五三）
日蓮宗の開祖日蓮（立正大師、一二二二～一二八二）

このように現代の宗派仏教に伝承する瞑想技術の系譜を眺めると、各宗派の瞑想技術（僧院生活の全体）の基礎に天台の瞑想技術のあることが分かる。

ここで真言宗や修験道などになぜ触れなかったか話しておこう。それはもともと真言宗は後期大乗仏教であり、仏教といってもヨーガが色濃く反映しているからである。実際にその修行法も、真言（聖なる言葉）を唱えながら瞑想をしたり、梵字の「阿字」をイメージして瞑想したり、護摩（ホーマ）を焚いて加持するなど、それはもうほとんどヨーガ行だからである。文献的にも瑜伽《ゆが》という言葉が散見できるほどである。

これからは、ヨーガ行者としてのお釈迦さまの心の働きが止滅した体験、無分別の体験と、宗派仏教の基礎になる天台の瞑想技術を比較しながら眺めよう。すると仏教の瞑想技術はヨーガ修行そのものだということが分かる。

これは余談だが、天台大師はインドのヨーガを知っていたようで、『天台小止観』の中に「自按摩《じあんま》の方法によって身体を七〜八回ほど動かし、手足身体の違和感を調整しなさい」と出てくる。仏教関連の註釈書には、この自按摩が何であるかという具体的な記述は見当たらない。ちょうど、そのころ道教徒の医師孫思邈《そんしばく》が著した医学書『備急千金要方』に自按摩は「天竺の按摩で婆羅門の法」とあり、それがインドの按摩法でバラモン僧の修行法だと分かる。まさにヨーガ修行のアーサナそのものである。さらにこの自按摩は呼吸法をまったく使わず、自分の身体に施療する方法として「老子按摩法」とも呼ばれていたことが示されている。中国由来と見えた太極拳もじつはインド起源だったのである。

話が興味に流れたが、さきの天台大師は「修行とは三昧を体験することだ」と定義して、三昧の体験の前提となるインド流の禅那（ディャーナ）を誘導する止観（シャマタ・ヴィパシュヤナー）の瞑想技術として体系づけた。『摩訶止観』『天台小止観』がそれである。

この天台の瞑想技術の実際について解説すれば、『ヨーガ・スートラ』ではヨーガの目的は「心の働きを止滅することである」として、八階梯の中のとくに第七のディャーナ（禅那）と、第八のサマーディ（三昧）を通じて、心が止滅する状態を誘導している。天台も「修行とは三昧を体験することだ」といい、その三昧の状態を誘導するために、自按摩によって身体の感覚を意識化し（調身）、続いて呼吸の感覚を意識化する（調息）。すると次第に意識が意識を観察し始める（調心）。これが瞑想修行の三事である。この三事は最も粗雑な身体の感覚を制御し、続いて微細な呼吸の感覚を制御することで、最も微細な意識を制御するように、外側から内側（麁から密）へと意識が内面化される過程を示している。この三事によって意識が意識を観察し始めると禅那の段階になる。禅那はディヤーナの音写で翻訳すれば「静慮」となり、静かに自己自身を観察する、観ている自分と観られている自分の関係を意味する。『ヨーガ・スートラ』では、この禅那を深化させながら観ている自分と観られている自分を統一させる三昧の状態、つまり、心の働きが止滅した状態へと誘導する。

しかし、天台はこのインド流の禅那を積年の瞑想体験から、止と観の技術を臨機応変に応用（止観双用）する技術へと進化させる。それは「第三章第二節」で示したように、意識を身体的要素に集中すること（止の技術）で感情的な変化を抑制して禅那の状態を誘導し、また意識を精神的要素に集中すること（観の技術）で情動ストレスなどの精神的要素に意識を集中し禅那の状態を維持する。さらにその止の技術と観の技術を臨機応変に応用することで、バランス良く禅那の状態を維持しかつ深めて三昧の状態を誘導するのである。

通常、私たちの意識状態は周囲の諸現象を意思の鏡に映して、見ている自分と見られている自分を相対化し識別（ヴィジュニャーナ）している。ところが、私たちはこの意思の鏡に映った現実世界に執着することで感情が波立ってしまう。これが煩悩である。そこで止の技術によって、まず意識を呼吸などの身体的要素に集中して、諸現象に動揺する意思をコントロールする。これが禅那の状態で、動揺することなく見ている自分と見られている自分の関係（識別、ヴィジュニャーナ）ができあがる。さらに観の技術によって、意識を精神的要素へと集中することで禅那の状態を維持し、三昧の状態へと深めてゆく。詳細はさきの情動コントロールの技術（第二章第二節）に示した通りである。

近年、ヴィパッサナー瞑想が流行したことでテーラワーダ仏教が脚光を浴び、サマタ瞑想・ヴィパッサナー瞑想（止と観の技術）と呼ばれる瞑想技術が世に知られるようになった。テーラワーダ仏教はお釈迦さま直伝の仏教という触れ込みで、その伝統的な瞑想技術は、サマタ瞑想によって禅那を誘導し、禅那の四段階（四禅）が誘導できたら、ヴィパッサナー瞑想によって禅那を深め、三昧の状態へと誘導することだという（南伝大蔵経『清浄道論』、漢訳『解脱道論』）。なんと瞑想技術は大乗仏教の天台の止観業とほとんど同じであるが、かえって止観を臨機応変に応用（止観双用）する天台の技術の方が情動をコントロールする技術としては有用のように思える。こんなところからも仏教を瞑想技術として眺めると、すべての仏教がお釈迦さまの瞑想体験という共通基盤に立ち返ることができるのである。

このように瞑想技術としての仏教は、常に禅那から三昧へ道のりを辿るのである。私たちの日常的な言葉の中にも、禅三昧、読経三昧、念仏三昧、題目三昧がある。インドのヨーガ行者たちも、マントラ・サマーディ（オウムなどの聖音を唱える瞑想）を修行（チャルヤー）と呼んでいる。「三昧」というと無念無想の忘我になって何も考えていない様子や、すべてを忘れ去っている様子や、意識を失っている様子を想像しがちだが、実際には意思の鏡に濁りがなく澄んだ意識で自己意識を観察しているのである。さきにムニが寂黙を守る聖者の意味で、お釈迦さまは瞑想しながら自分自身を内観していたといったのはこのことである。

具体的に天台大師の三昧体験がどのようなものだったか、大師が自身の瞑想体験を心理学的に解説した（己心中所行法門）『摩訶止観』を引用してみよう。

私たちの眼前にある現象世界は、実際には私たちの純粋な精神世界（識陰）の産物なのである。もしこの純粋な精神世界を体験しようとするならば、丈を去って尺、尺を去って寸に就くように、瞑想技術によって私たちの心身を構成する肉体と精神を構成する五つの集まり――色陰（肉体的要素）・受陰（感受機能）・想陰（表象機能）・行陰（意識の統合機能）・識陰（意識の認識作用）――の中で、とくに身体的な要素である色陰・受陰・想陰・行陰から徐々に離れてゆき、最終的には三昧の状態になって身体的な要素を超えて、純粋な精神世界（識陰）そのものになることが必要である。

瞑想によって体験される純粋な精神世界そのものは、私たちの無意識の世界のことだから、日常私たちが自分として認識している意識から、それを理解するのは難しいのである。それは体験による経験則であって知識的に解釈できるものではないからである。*

天台大師の『摩訶止観』などの論述法は、通常私たちの意識が認識している世界（思議）と、そのままでは認識できない仏の悟りという純粋な精神世界（不可思議）の関係、現代心理学でいう意識と無意識の関係から瞑想体験を解説している。**とくに瞑想体験が「丈を去って尺、尺を去って寸に就く」と、粗雑なものから微細なものへの意識集中によっておこなわれることが示される。まさに天台は瞑想技術を、身体という物の世界に引きずられた意識状態から脱して、純粋な精神世界と合一（三昧）する技術として、また無意識の世界にある純粋な精神性を意識化する技術として解説している。この意味で仏教を現代風にいえば、まさに心の探究法そのものである。

このように瞑想技術によって実際に三昧を誘導した体験者の解説は、観念的な仏教用語に依りながらも、その言葉には体験によって身体性が付加されているため、観念的な解釈の領域を超え、現代心理学のように体験をどう具体的に報告するかに力点が置かれている。実習者は常に冷静な目で自らの体験を捉え、理性的な知のあり方によって解説しているのである。このような視点で瞑想技術を眺めると、いままでとは違った視界が開かれてくる。

ところで、世間的には諸宗批判の権化のように思われ、仏教界でも傍流のように扱われがちな日蓮は、およそ瞑想技術とは縁遠い人物に思われているが、じつはお釈迦さまの寂黙を守る聖者（ムニ）の名に恥じない心の探求法を説いているので紹介しよう。『如来滅後五五百歳始観心本尊抄』（お釈迦さまが亡くなられてから五の五百歳に、始めてあらわされた観心と本尊の註釈書）という長い題名のつけられた心の探究法である。

日蓮はこの『観心本尊抄』で、まず冒頭にさきの『摩訶止観』を次のように引用している。

誰の心にも地獄・餓鬼・畜生・修羅・人・天・声聞・縁覚・菩薩・仏の十の世界が具《そな》わっている。その一つの世界にまた各々に十の世界が具わっているので、百の世界となる。また一つの世界に大自然・社会・身体という属性があるので、三十種類の世間が具わっている。百の世界はそのまま三千種類の世間が具わっている。この三千はこの一念の心に内在する。もし心がないというのなら仕方がないが、そこにわずかでも心があるなら、そこには必ず三千の諸法が具わっているのである。***

日蓮は天台大師の瞑想体験のエッセンス「三千の世界はこの一念の心に内在する」（一念三千）から、ご自身の心の探究法を意識と無意識の関係として解説し始める。

なぜ瞑想（観心）するかといえば、それは自分自身の心を観《み》て、地獄界から仏界まで十種類の精神世界があることを知る必要があるからだ。当然のことだが、他人の粗ばかりを探していても、自分の姿は見えない。自分の姿を知りたければ、明鏡に自分の姿を映すように、経文の所々にあなたは菩薩だ、仏だと書かれていても、『法華経』ならびに天台大師所述の『摩訶止観』などの明鏡に自分の内心を映して、確かに私の心に菩薩界や仏界があると気づかなければ意味がないのである。

これも一目瞭然である。日蓮のいわんとすることは、経文にあなたは菩薩だ、仏だと書かれていても、観心によって己心《こしん》に内在する菩薩界や仏界に気づかなければ、すべてが戯論であるという。瞑想によって純粋な精神性と結びつくことで、自己成長がはかられると考えているのである。

日蓮は禅那による内観の技術を「観心」と呼んで、己心に具わる純粋な精神性を意識化し、この自己自身の内側にあって変化しない本来の純粋な精神性と出会うことを心理学的に解説している。じつに日蓮は心の探求法としての「観心」を示しているのである。

このように天台大師の心の探求法は、そのまま日蓮の観心という瞑想技術につながっている。さきに延暦寺は「日本仏教の母山」といったが、日蓮は比叡山で十二年間、天台の瞑想技術を学んでいるから、その技術が同じなのは当然である。このように見てくると、現代の宗派仏教の瞑想技術が基本的に共通しているのは当然である。坐禅の瞑想（禅三昧）も、読経の瞑想（読経三昧）も、念仏を唱える瞑想（念仏三昧）も、お題目を唱える瞑想（題目三昧）も、何れも禅那から三昧の状態になって濁りなく澄んだ状態で意識が意識を観察する状態を誘導する瞑想技術である。これらはすべて、釈迦牟尼仏と称され寂黙を守る聖者（ムニ）として、無分別の体験をしながら内観するお釈迦さまのヨーガの修行法へとつながっているのである。

＊『摩訶止観』（大正四六、五二頁上中）
然界内外一切陰入皆由心起。仏告比丘。一法摂一切法所謂心是。論云。一切世間中但有名与色。若欲如実観。但当観名色。心是惑本其義如是。若欲観察須伐其根。如炙病得穴。今当去丈就尺去尺就寸。置色等四陰但観識陰。識陰者心是也。（中略）既自達妙境即起誓悲他。次作行塡願。願行既巧破無不遍。遍破之中精識通塞。令道品進行。又用助開道。道中之位己他皆識。安忍内外栄辱

莫著中道法愛。故得疾入菩薩位。譬如毘首羯磨造得勝堂。不疏不密間隙容綖。巍巍昂昂峙於上天。非拙匠所能揆則。又如善画図其匡郭。写像偪真骨法精霊。生気飛動。豈填彩人所能点綴。此十重観法横竪収束。微妙精巧。初則簡境真偽。中則正助相添。後則安忍無著。意円法巧該括周備。規矩初心。将送行者到彼薩雲。非闇証禅師誦文法師所能知也。蓋由如来積劫之所勤求。道場之所妙悟。身子之所三請。法譬之所三説。正在茲乎。

＊＊『摩訶止観』（大正四六、一一頁中）

意止観者。端坐正念。蠲除悪覚捨諸乱想。莫雑思惟不取相貌。但専繋縁法界一念法界。繋縁是止。一念是観。信一切法皆是仏法。無前無後無復際畔。無知者無説者。若無知無説則非有非無。非知者非不知者。離此二辺住無所住。如諸仏住安処寂滅法界。聞此深法勿生驚怖。此法界亦名菩提。亦名不可思議境界。亦名般若。亦名不生不滅。如是等一切法与法界無二無別。聞無二無別勿生疑惑。

＊＊＊『摩訶止観』（大正四六、五四頁上）

夫一心具十法界。一法界又具十法界百法界。一界具三十種世間。百法界即具三千種世間。此三千在一念心。若無心而已。介爾有心即具三千。

＊＊＊＊『観心本尊鈔』（『昭和定本　日蓮聖人遺文』第一巻 七〇四頁）

観心之心如何。答曰観心者観我己心見十法界。是云観心也。譬如雖見他人六根未見自面六根不知自具六根。向明鏡之時始見自具六根。設諸経之中処々雖載六道並四聖。不見法華経並天台大師所述摩訶止観等明鏡。不知自具十界百界千如一念三千也。

第四章　仏教生活の文化史的バックアップ

これまで瞑想技術を理論的にバックアップしてきたつもりだが、皆さんが実習してきた瞑想技術は深まっただろうか。瞑想技術は情動をコントロールする技術、負のスパイラルとして包み込んできたストレスを発散させ、健康的な意識感覚を表出させる技術である。さらにその瞑想技術によってよりよい瞑想体験を誘導するには、少欲知足の仏教生活によって心身を養うなど、なによりも私たちの健全な生き方が鍵となる。重要なことは、それもまた情動をコントロールする技術だということだ。

「自律訓練法」では、ゆったりと坐って軽く目を閉じ、「安静訓練」をおこなって右手が重い、左手が重いと感じ、瞑想状態が誘導されると、いろいろな雑念が浮かんできた。これが情動である。それは炭酸飲料のビンを急にあけると炭酸が吹き出るようなもので、取り合わずに放っておけば自然に消えてなくなるものだった。しかし、その雑念にかかずらってバタバタすることで安定した瞑想状態が誘導できない。そこで「黙想訓練」によって、その雑念を受動的に注意集中して受け流すことで情動のコントロールがおこなわれた。また伝統的な瞑想技術でも、止の技術から観の技術へ、観の技術から止の技術へ、さらには止と観の技術を臨機応変に応用（止観双用）することで情動のコントロールがおこなわれた。

ここからは養生医療や仏教生活の生活術を文化史的にバックアップしながら、瞑想技術の裾野を広げようと思う。その生活術は、老いや病気をコントロールし、心身にわたる健康を維持する技術そのものである。

伝統的な瞑想技術を伝える『摩訶止観』には「生老病死の境遇を観察する」（観病患境）と題した章がある。これは明治七年に、新政府が寺社における医薬の販売（施薬）と医療行為（施療）を禁止した「医療・服薬を妨害する禁厭祈禱《まじないおはらい》の取締」が実施されるまで、僧院内外でおこなわれていた養生医療の根幹だった。そして、それは現代医学が回帰しているスピリチュアリティにささえられた養生の技術でもある。

さきのように仏教では古来より「生死は病である」と考え、瞑想技術は病を癒やす良薬として扱われてきた。瞑想技術が生死の病を超える治病法として扱われていたのである。その構成は「病気の状態」「病気の原因」「治病の方法」「その効用を明かす」の順であり、古典的な身体観から眺めると、中国の身体観「陰陽五行説」(漢方医学)と、インドの身観「三(四)大理論」(インド医学)の二つが折衷されている。少し難解だが養生医療として有用なものを選んでマニュアル的に解説しよう。皆さんの身体感覚に照らして、体験的にその考え方を理解していただきたい。

とくに現代の西洋医学は応用科学として神経生理・生化学にもとづき患部を除去する治療法である。これは外科的手術に端的に現れており、身体の悪い箇所を余程の影響がない限り除去し悪玉を排除する。まさにガン治療において抗ガン剤で悪性腫瘍をたたいたり、手術で取り除こうとするのは、この考え方である。

ところが、養生医療には「常に人は死に向かって歩んでいる」という大前提がある。中国の陰陽論では、人が生まれ落ちたとき、その生命を「陽」として、「温かい」「明るい」などで象徴する。そして、「陽」ではじまった人生は成長して老い、やがて病んで亡くなる。亡くなったとき「陰」として、「冷たい」「暗い」などで象徴する。こう考えると「陽」から「陰」へと人生を歩むとき、「陽」を減らさず「陰」を増やさない生き方、つまり病気になりにくく、病気になったら治りやすい生き方をすること、これが養生である。

このため養生医療は、西洋医学のような薬物や手術などの物理的な強制力を使わずに、あくまでも全身のバランスをコントロールして、心身の健康を回復しようと試みる。とくに養生医療は現代の心理療法に通じ、情動をコントロールすることが中心課題である。

漢方医学では、人間の七情《しちじょう》によって気の流れがアンバランスになり、病気になると考えている（長濱善夫『東洋医学概説』創元社、一九八六年）。

「喜」は心経（火性）から出る感情、喜べば気が緩む。
「怒」は肝経（木性）から出る感情、怒れば気が逆上する。
「憂」は肺経（金性）から出る感情、憂えば気が縮む。
「思」は脾経（土性）から出る感情、思えば気が塞ぐ。
「悲」は肺経（金性）から出る感情、悲しめば気が消える。
「恐」は腎経（水性）から出る感情、恐れれば気は降下する。
「驚」は腎経（水性）から出る感情、驚けば気が動転する。

またインドのヨーガでは、私たちを十頭立ての馬車に見立てる。十頭の馬は五つの感覚器官（耳、目、鼻、舌、皮膚）と五つの運動器官（手、足、生殖器、排泄器、発語）であり、馬車の手綱は私たちの意思、御者は理知（理性）、馬主は真我（アートマン）にたとえられる。感覚器官と運動器官（十頭の馬）の暴走が病気を意味し、そうならないために御者（理性）が手綱（意思）をしっかりと持ってコントロールしろという。まさに御者の手綱さばきが問われる。悩みや怒り、愛欲や強欲という馬の暴走をどう防ぐかにあるという（『カタ・ウパニシャッド』第三章三〜四節）。

インド医学によれば、五つの感覚器官が欲望の対象と過剰に結合したり、誤って結合したりすることで思考や感覚機能が異常になり、それぞれの感覚に障害が起きる。感覚器官が欲望と結合することでそれぞれの感情が高まり、病気になる。とくに怒りによってピッタ（火大）、不安によってヴァータ（風大）、怨みによってカパ（水大）が増悪することで病気になるという（矢野道雄『インド医学概論』朝日出版、一九八八年）。

ここからは、さきの「生老病死の境遇を観察する」章の構成にしたがい、古典的な情動コントロールの技術を概観しよう。「病気の状態」「病気の原因」「治病の方法」「その効用を明かす」の順である（『摩訶止観』第七章「正修止観」第三節「観病患境」）。

第一節　病状の分類

一　四大の病相

「四大」とは仏教で用いられたインド医学の病因論のことで、地大、水大、火大、風大の四つの要素の増減によって病気の原因を究明する。およそ日常生活における着衣喫飯にわたって、四大要素のバランスをとることがその中心課題である（現代のインド医学では、四大から地大を抜いた三大要素《トリ・ドーシャ》の病因論を採用している）。

①地大の病相

地大の要素である「重」「遅」「固」「寒」などが増えると、身体が苦重になり、さらに節々などが堅くなってうずき、また枯れたように手足がしびれ、痩せるなどの症状がでる。これを改善するには増えた地大の要素と反対の要素でバランスをとる。

食事量のコントロールによって「重」を減らす。
適度な運動によって「遅」を減らす。
適度な柔軟体操によって「固」を減らす。
温かいお風呂で「寒」を減らす。

②水大の病相

水大の要素である「重」「遅」「冷」「油」「安定」などが増えると、身体の動きが緩慢になり、手足が浮腫んだり、腫れたりするなどの症状がでる。これを改善するには増えた水大の要素と反対の要素でバランスをとる。

食事量のコントロールによって「重」を減らす。
適度な運動によって「遅」を減らす。
暖かい衣服で身をつつんで「冷」を減らす。
植物油の摂取で「油」を減らす。
早寝早起きに心がけて「安定」を減らす。

③火大の病相
火大の要素である「熱」「鋭」「軽」「液」「微油」などが増えると、激しい熱による悪寒や、身体の節々が刺されるように痛み、呼吸が息苦しいなどの症状がでる。これを改善するには増えた火大の要素と反対の要素でバランスをとる。

身体を冷やして「熱」を減らす。

静かなところでゆったりとして「鋭」を減らす。

動き回らず休息して「軽」を減らす。

多飲しないで「液」を減らす。

淡泊な食事で「微油」を減らす。

④風大の病相
風大の要素である「軽」「動」「冷」「速」「乾燥」などが増えると、心がどこかに引っかかったまま、気が抜けてぼんやりして、それで心の奥ではもだえ苦しみ、自分の正体がなくなってしまうような症状がでる。これを改善するには増えた風大の要素と反対の要素で

バランスをとる。

ゆったりとさせて「軽」を減らす。

一つのことに集中して「動」を減らす。

暖かい衣服で身をつつんで「冷」を減らす。

人にゆずって「速」を減らす。

油性の食品によって「乾燥」を減らす。

二　五臓の病相　（二二一〜二二二頁、図表参照）

陰陽五行説とは、漢方医学の病因論のことで、木・火・土・金・水の五つの性質（要素）を臓器やその機能に配当し、さらに五行に陰陽を配当して、中身の詰まったものを陰性、中身の空っぽなものを陽性に分類する。

木性は肝経（陰性）・胆経（陽性）

火性は心経（陰性）・小腸経（陽性）

土性は脾経（陰性）・胃経（陽性）
金性は肺経（陰性）・大腸経（陽性）
水性は腎経（陰性）・膀胱経（陽性）

となる。詳しくは陰陽五行図色体表（二二一～二二二頁）を参照するとよい。この陰陽五行説から病気を次のように大別する。

①肝経の病相（肝機能系）

顔色が悪く手足も潤いがなく乾いたようになる。また澄んでいた瞳も目が赤くなって痛むようになる。また脈拍も弱くなり目が白くかすむようになる。あるいは、目が赤くなるばかりか瞼に腫れ物ができる。また風にあたって冷えると涙が出たり、痒みを感じたり、刺すような痛みを感じたりする。また目のまわりがくぼんで、少々のことですぐに怒ったりするなどの症状がでる。

これは肺経（金性・陰性）が肝経（木性・陰性）を害しているために、金性と木性の相剋関係（お互いを否定しあう関係）で病相が生じている。このような肝経の病気の治療には、呵気《かき》の呼吸法を用いる。

②心経の病相（循環器系）

顔色が青白くなり、心経（火性）の冷えた熱で手足が冷え、気分が晴れず身体の力がなくなる。また唇は燥いて裂け、臍のした辺りにはしこりができる。さらに熱い食べ物が喉を通らず、冷たい食べ物には食欲がわかない。そればかりか、めまいや極度の眠気や物忘れ、胸がいっぱいで目もくらみ、言葉はどもってしまい、肩胛骨は凝って痛み、手足の肢体もうずき痛む。気分もあれやこれやと思い悩み、身体の表面は湯気が上がるほど熱くなるなどの症状がでる。それはまるで熱が上がったり下がったりするマラリヤのようである。あるいは身体が堅くなり、水をこばみ、眼は絹布から外をのぞくように近くは見えるが遠くは見えないなどの症状がでる。

これは腎経（水性・陰性）が心経（火性・陰性）を害しているために、水性と火性の相剋関係で病相が生じている。このような心経の病気の治療には、吹気《すいき》・呼気《こき》の呼吸法を用いる。

③肺経の病相（呼吸器系）

顔色がどす黒くなり、息苦しく胸が塞がり、両方の脇の下や肩胛骨が痛んだり、うずいたり、まるで重い荷物を背負っているようになる。また頭やうなじが痛んで、呼吸は喘ぐようになって息は出るが吸い込むことが困難になる。身体のあらゆる所に出来物ができ、喉はまるで虫がはっているように痒くなり、それを吐き出すこともできなくなる。また喉に腫れ物ができ、口は強く結ばれ息を吐くときに風が吹くようなヒューヒューという音をたてる。鼻からは膿の混じった血が出たり、眼は暗く、鼻柱はうずき、鼻の中の肉が盛りあがって息が通らず、香りがまったく分からなくなるなどの症状がでる。

これは心経（火性・陰性）が肺経（金性・陰性）を害しているために、火性と金性の相剋関係で病相が生じている。さらには冷たい水を飲んだり、熱い食べ物を食べたり、極端な飲食も原因となる。このような肺経の病気の治療には、噓気《きょき》を用いる。

④腎経の病相（泌尿器系）

身体に気力がなくひ弱になり、不整脈が出て身体の節々が痛んだりうずいたりし、やがて浮腫んでくる。また耳が聞こえづらくなり、鼻は塞がり、腰は痛くなり、背中はかたく凝って、胸と腹は腫れて塞がり上気する。手足は重くなり、顔色は黒ずみ、痩せて、胸は痛んで悶絶し、また頻尿になったり出なかったり、脚膝が冷えるなどの症状がでる。

このような病気は、スッポンのように頭と顔のない鬼がやって来て、人を包み込んでしまうために生じる。また脾経（土性・陰性）が腎経（水性・陰性）を害しているために、土性と水性の相剋関係によって病相が生じている。このような腎経の病気の治療には、嚥気《えんき》の呼吸法を用いる。

⑤脾経の病相（消化器系）

身体の痛みを端的に表現すれば、あたかもねばっとした麦糖のような感じである。身体は風にあたっても痒みを覚えるように、全身が痒くなって悶え苦しむなどの症状がでる。

これは肝経（木性・陰性）が脾経（土性・陰性）を害しているため、木性と土性の相剋関係によって病相が生じている。その特徴は吊した籠がふらふら動くように、小児たちがあちらこちらを走り回るように、北風が木の葉を巻き上げるように、そわそわと落ち着きのない様子になる。このような脾経の病気の治療には、嘶気《しき》の呼吸法を用いる。

ここに挙げた六つの呼吸法は六気《りっき》*と呼ばれ、太極拳では健身運気法の六気呼吸法と呼吸に合わせた身体の動きによって、気血の循環を促す技術として応用されている。

* ここに挙げた六気の呼吸法は、『摩訶止観』と『天台小止観』とを比較すると、『摩訶止観』には「吹・呼・熈・呵・嘘・嘶」と、『天台小止観』には「吹・呼・嘻・呵・嘘・呬」と、音読みすると同じだが漢字には異なりがある。また、その名称の意味も正確には分からないばかりか、それらの発音の点でも、書記法の点でもさまざまな異説がある。ただ分かっていることは、その呼吸法と病気の治療上の古典的な効能である。『摩訶止観』には「熈」は肺、「呵」は心臓、「呼」は脾臓、「嘘」は肝臓、「吹」は腎臓、「嘶」は三焦を支配すると示されている。
またこの呼吸法は七世紀の養生録『備急千金要方』には、
もし心冷病を患えば即ち「呼」を出す。

もしは熱病ならば即ち「吹」を出す。

もしは肺病ならば即ち「嘘」を出す。

もしは肝病ならば即ち「呵」を出す。

もとは脾病ならば即ち「唏」を出す。

もしは腎病ならば即ち「呬」を出す。

夜半遅くに八十一回、鶏鳴に七十二回、平旦に六十三回、日出に五十四回、辰時に四十五回、巳時に三十六回、この作法をなさんと欲すれば、まず左右の導引を三六〇遍おこなう。

そして、心臓病には「呼吹」の二気を出す。「呼」は冷を療し「吹」は熱を治す。

肺臓病には「嘘」気を出だす療法を用いる。

肝臓病には「呵」気を出だす療法を用いる。

脾臓病には「唏」気を出だす療法を用いる。

腎臓病には「呬」気を出だす療法を用いる。

と示されている（『備急千金要方』巻二十七「養生・調気法」第五、江戸医学影印宋本、四八三頁下～四八四頁上）。

この記述も『摩訶止観』と同じように、その呼吸法と病気の治療上の古典的な効能であり、具体的なことは分からない。しかし、これらの記述を情動のコントロール法として、さまざまな感覚の気づき、意識化という側面から理解すると、これらの呼吸法の「音」が意味を持つのではなく、それぞれの「音」を生じさせる呼吸による気づきに意味があると分かる。ここに六気の呼吸法を理解するための参考として、ヨーガ療法で指導される六つの呼吸法を紹介しよう。

①ウジャーイー呼吸法

この呼吸法は、吸気するとき喉を少しすぼめることで、そこを通る空気が喉の内部を摩擦してスーという摩擦音が生じるようにする。この摩擦音を介して、私たちは点の意識化をおこなう。さらにこの摩擦音は、管の中を流れる水が生じる摩擦音と同じである。扁桃腺や喉の腫れ、慢性的な風邪、気管支喘息などに効果があるという。

②シータリー呼吸法

舌を口からだして、カラスのくちばし状にして、そこから吸気をゆっくりと吸い込む。そこで私たちは吸い込まれてゆく冷たい空気が線状に意識化される。冷たい空気が線状に意識化され、やがて身体が冷やされてゆくのを感じていると、リラクゼーションが生じてくるという。

③シートカーリー呼吸法

舌を巻き込んで、上口蓋の根もと部分に巻き込んだ舌先をつけるようにする。巻き込まれた舌の両サイドと、上下の歯の付け根との間に隙間をつくる。この左右の隙間からシーという音とともに口から息を吸い、鼻から吐く。これによって舌の左右の隙間から冷たい息が通り面の意識化がおこなわれる。冷たい空気が面状に意識され、さらに身体が冷やされてゆくのを感じながら、リラクゼーションが生じてくるという。

④サダンタ呼吸法

これは歯をかみ合わせた呼吸法で、上下の歯を軽くかみ合わせ、その歯の後ろに舌の先をつけ、この状態で呼吸する。やはりシーという音とともに息を吸い、鼻から吐く。シートカーリーの呼吸法より、よりはっきりと冷たさが面状に意識化される。やはり身体が冷やされてゆくのを感じながら、リラクゼーションが生じてくるという。

⑤ブラーマリーの呼吸法―（雄蜂の低い羽音の呼吸法）

雄蜂の低めの羽音をハミングするように、大きく息を吸ってから口もとでウーンという羽音をつくり、その微細な振動を口蓋から全身へと共鳴させてゆく、立体の呼吸法である。この呼吸法をくり返しながら、この振動と共鳴する全身の反応を意識化してゆくとき、深いリラクゼーションが生じてくるという。

⑥ブラーマリーの呼吸法二（雌蜂の高い羽音の呼吸法）

これは雄蜂の低い羽音の呼吸法から周波数の高い雌の羽音をハミングのように出して、この振動と共鳴することでより全身の反応を意識化してゆくとき、さらに深いリラクゼーションが生じてくるという。

（Dr.H.R.Nagendra,*The Art and Science PRANAYAMA VIVEKANANDA YOGA MAHAVIDYAPEETHAM*, Bangalore, India）

このようにヨーガ療法では、伝統的なヨーガ行法を心理療法の眼で科学的に評価し、瞑想技術を情動のコントロール法として理解している。そして、呼吸法による、点、面、立体の意識化の過程を通じ、その時々の心身の状態に応じたリラクゼーションを誘導しているのである。

第二節　病因の分類

一　四大不順

さきのインド医学の病因論「地大・水大・火大・風大」の四つの要素は、私たちの生命活動ばかりではなく、自然現象のあらゆることに関係している。その活動は寒熱にも、また甘い辛いという味にも、およそあらゆることに四大の要素が関係する。

①火大の病相……外の熱が火大を助けたために、火大が増えて水大を害する。

②水大の病相……外の寒が水大を助けたために、水大が増えて火大を害する。

③風大の病相……外の風大が気を助けて、気が火大を吹き、火大は水大を動かす。

④地大の病相……三大（火大・水大・風大）が増えて、地大を害する。これは「等分の病相」ともいう。また地大が増悪して三大を害することも「等分の病相」になる。

このように四大が動くことによって、いろいろな病相が見られる。

およそ四大の不順を季節と身体の変化から理解すると、夏は「火大」を増し、冬は「水大」を増し、春と秋は変化の「風大」を増し、四季の変化は「地大」の身体の変化として表れる。後述するが、この四大は地大を除いて「三大」の病因論として現代のインド伝承医学としてのアーユルヴェーダ医学へと受け継がれる。

二　飲食の不節制

飲食を節制することが健康に大きく関係する。その節制法にはさきのインドの仏教医学と中国の漢方医学にもとづく病因論の二つがある。

①四大の病因論

これは飲食と「四大」の関係である。

薑桂《きょうけい》などの辛い食べ物は火大を増す。

甘蔗を煮た糖蜜の甘冷などの食べ物は水大を増す。

桃や梨などは風大を増す。

脂肪分の多い食べ物は地大を増す。

その具体的な効用を挙げれば、胡瓜など身体を冷やす食べ物は熱のある病人には有用だが、体力のない人が食べてはいけない。このように飲食について、よくよく注意してその性質を判断すべきである。

また消化の火（火大）の状態も大切である。食べ物は食べ終わるとお腹に入り消化される。粗い物は糞尿となり、微細な物は消化される。そして、清い物は血液となり、乾いた塵が水を得たように全身を潤す。もし身体に血液が十分に巡らなければ枯れてしまい、やがて死にいたる。また濁ったものは脂肪となり、古くなった要素は老廃物として垢となり、新しい要素は吸収されて肉となる。

さらに身体の火大が下にあれば、食べた物を消化吸収して、身体全体に栄養素が行きわたる。世間の諺にも「長生きをしたければ、まさに足を温かにして、首を露わにすべきです」とある。もし身体の火大が上にあるとき、身体に合わない物を飲食すれば病気になるので注意する必要がある。僧院生活で飲食物のコントロールが重要視されるのは、このような養生法が背景にある。

②陰陽五行説の病因論（二二一〜二二二頁、「陰陽五行図色体表」参照）

これは「五味と五臓」の関係である。食物の味による分類では、「五味」と呼ばれる食物の味などの性質を知らずに食事をすると、五臓の健康状態に影響する。その五味とは、酸味、苦味、辛味、塩味、甘味である。

木性の「酸味」は肝経の働きを増やし、脾経の働きを害す。
火性の「苦味」は心経の働きを増やし、肺経の働きを害す。
金性の「辛味」は肺経の働きを増やし、肝経の働きを害す。
水性の「塩味」は腎経の働きを増やし、心経の働きを害す。
土性の「甘味」は脾経の働きを増やし、腎経の働きを害す。

もし五臓の健康状態に異常があれば、異常の原因となる五味を止めて、健康を増進する五味を食べることが必要である。まずその五味の特性を知ることが大切である。

三　坐禅の不調

①瞑想と生活の関係

瞑想していても不節制な生活を続けていると病気になることがある。日常生活では、居住する建物や衣服に執着したり、周囲に人がいるにもかかわらず横になったりすることは、その人の心が怠慢なために色々なことに惑わされやすいことを物語っている。すると身体は痩せて、背中や節々のうずきに苦しむようになる。これは注病といって冷えることが原因で、最も治りにくい。

②観法と呼吸の関係

「瞑想しても数息観が調わないとき」には、多くの人はマラリヤのよう熱が上がったり下がったりする病気の癖がつき、身体の筋肉などが痙攣するようになる。またさきの「善根が発する相」（数息根本禅定善根発相）のように瞑想中に心身が運動する八触（重、軽、冷、熱、渋、滑、軟、麁）が表れても、呼吸の方法が八触の状態に適応していなければ病気になる。

この八触がどうして起きるかといえば、心が四大の要素を認知するとその四大に見合った四つの感覚が起こる。またその四つの感覚を心がそれぞれ認知するから、それを合わせると八つの感覚になる。

　重は沈下する感覚
軽は上昇する感覚
冷は氷室のように冷たく寒い感覚
熱は火のように燃える感覚
渋は挽いているものを抑えられるような感覚
滑は磨きをかけ脂を塗ったような感覚
軟は骨がないような感覚
麁はザラッとした肌のような感覚
この八つのうち、四つは上る感覚であり、四つは下る感覚である。
吸気は地大に順じて重く沈む感覚
呼気は風大に順じて軽く登る感覚

吸気は水大に順じて冷やかな感覚
呼気は火大のように熱する感覚
吸気は地大のように渋く足がもつれる感覚
呼気は風大のように融通無碍で円滑な感覚
呼気は水大のように柔軟な感覚
呼気は火大のように麁い感覚

もしも八触の中で重触という沈下する感覚が起きたとき、数息観をおこなって呼気を数えていると、重触の地大が増えて病気になる。他のことについても、これらにもとづき瞑想体験の中でしっかりと自身の心身の感覚を内観すべきである。

八触と四大の呼吸感覚を要約すると次のようになる。

「重」沈下する感覚→「地大」の吸気は重く沈む感覚→吸気により地大が増える
「軽」上昇する感覚→「風大」の呼気は軽く登る感覚→呼気により風大が増える
「冷」氷室のように冷たく寒い感覚→「水大」の吸気は冷やかな感覚→吸気により
　水大が増える

「熱」火のように燃える感覚→「火大」の呼気は熱する感覚→呼気により火大が増える
「渋」挽いているものを抑えられる感覚→「地大」の吸気は渋く足がもつれる感覚→吸気により地大が増える
「滑」磨きをかけ脂を塗ったような感覚→「風大」の呼気は融通無碍で円滑な感覚→呼気により風大が増える
「軟」骨がないような感覚→「水大」は呼気のように柔軟な感覚→呼気により水大が増える
「麁」ザラッとした肌のような感覚→「火大」は呼気のように麁い感覚→呼気により火大が増える

③止の技術

止の技術を巧みに応用しなければ四大（身体）の病気になる。たとえば、心を常に足先や踵などに止めることはよいが、身体の下の方に止めすぎれば「地大」の病気になる。逆に心を常に頭頂や眉間など身体の上に止めすぎれば「風大」の病気になる。また心の動きを急に止めたり、急に動かしたりすると「火大」の病気になる。逆に常に心を緩慢にしていると「水大」の病気になる。

④観の技術

観の技術がうまく調わなければ、心が偏ったりひねくれたりして病気になる。これは母胎に胎児が宿った瞬間に、心が生じて母を感ずるように、心の母である色・声・香・味・触の感覚を意識すると、そこにほんの一毫ほどの気が動いて水となり、水は血となり、血は肉となり、肉は眼・耳・鼻・舌・意の五根と、心・肝・腎・脾・肺の五臓となるからである。心が何を思うかによってすべてが決まる。病気もその人の心が作っているのである。

⑤思惑

心の中に思惑が多ければ、身の回りの現象に気を取られるために五臓を害して病気になる。このことから心がひねくれると病気になることが分かる。たとえば、しっかりと瞑想しているように見えた人でも、思惑によって五臓を害して病気になるのである。

⑥陰陽五行説の病因論（二二一～二二二頁図表参照）

相生関係

これは陰陽五行説で相手を生み出す関係のことである。

色に因ることが多ければ肝経（木性）を動かす
声は腎経（水性）を動かす
香は肺経（金性）を動かす
味は心経（火性）を動かす
触は脾経（土性）を動かす

眼が青に因ることが多ければ肝経を動かす
赤は心経を動かす

白は肺経を動かす
黒は腎経を動かす
黄は脾経を動かす

耳に大声で呼ぶ声の聞こえることが多ければ肝経を動かす
語ることは心経を動かす
大声で泣く声は肺経を動かす
詩歌を口ずさむ声は腎経を動かす
曲節をつけて歌う声は脾経を動かす

鼻が動物の脂臭さを嗅ぐことが多ければ肝経を動かす
焦げる匂は心経を動かす
生肉の生臭さは肺経を動かす
腐るような臭いは腎経を動かす

香りのよい煮物は脾経を動かす
舌に酢味が多ければ肝経を動かす
苦味は心経を動かす
辛味は肺経を動かす
塩味は腎経を動かす
甘味は脾経を動かす

身体が堅ければ肝経を動かす
温かければ心経を動かす
軽やかならば肺経を動かす
冷たければ腎経を動かす
重たければ脾経を動かす

これらは相生関係なので適量であれば健康は維持されるが、過ぎれば病気になる。

相剋関係

これは陰陽五行説で相手を害する関係のことである。
眼が白色になることが多ければ肝経を害す
黒は心経を害す
赤は肺経を害す
黄は腎経を害す
青は脾経を害す
他の声なども、そのように理解すべきである。

病気に瞑想や夢で気づく

五臓の病気は隠密でなかなか気づけないので、瞑想や夢で占うことが必要である。もし瞑想や夢で、青色・青色の人・野獣・獅子・虎・狼を見て恐れをいだいたとき、これは肝経の病気である。また赤い色があり、赤い人獣、赤い刀杖、赤い幼い男女が親しく抱き合っていたり、あるいは父母兄弟などを見て喜びや畏れを生じたら、これは心経の病気である。

それ以外の色についても例にしたがって理解すべきである。

止観双用

止と観のどちらかに偏ると、四大を動かし病気になる。もし数息観によって意識集中するとき、その集中が安定していなければ、あちらこちらに心が動き争うことが多くなるために、風大が乱れて「風大」の病気になる。それはあたかも小さな子供はあちらこちらに動き回ることが仕事で、それを無理矢理に止めてしまうと病気になるようなものである。

また余りにも真剣に一境を守ろうとして過剰に意識集中すると、一境を守ろうとする気持ちが強すぎて火大が増悪して「火大」の病気になる。

さらに随息観によって意識集中しているとき、集中しようという意識を無理に止めようとすると、その相反する心の動きによって痒痛を起こし「地大」の病気になる。止の技術によって意識集中して禅那を誘導することばかりに専心して、見られている自分を観察しないままで観の技術をおこなうと、水大が増悪して「水大」の病気になる。

第三節　治病法の分類

病気の治療法は、一様ではない。日常の起居振る舞いや食事の不節制によって病気になったときには、方薬を用いて調養すれば治る。瞑想の不調和によって病気になったときには、瞑想によって数息観で調えなければ治らない。そのとき湯薬を用いてはならない。鬼病と魔病の二つは、瞑想の力と大神呪を用いなければ治らない。業病は、内心には瞑想の力と外には懺悔を用いなければ治らない。このように種々の治療法があるが、瞑想を中心にすれば次の六つの方法に絞られる。

一　止の技術

①温師の指示

温師は、あたかも小さな豆が臍の中に入っているように心を臍に集中すべきだ、という。

まず姿勢を調えて坐り、目を閉じ、口歯を合わせ、舌をあげて上顎につけ、気持ちを調える。心が外に馳《はせ》ればそれを落ち着かせ、また意識集中しても観念できなければ、再度、坐り方を調えて実習すべきである。この止の技術はよく病気を治し、またいろいろな瞑想体験を誘導する。また瞑想中に針で刺されたように痛む、急に縄で牽かれるように痛む、虫にくわれたように痒む、水を灌がれたように冷たい、火で炙られたように熱いなどの心身に亘る変化が起きる。これはさきほどの八触で心身にわたる情動の変化が起きているので、動ぜずにいれば変化は治まる。

ところで、心を臍におく理由とは、古来より息は臍から出て、還って臍から入るといわれている。心を臍におくと意識を集中しやすく、無常を悟りやすいからである。また人は胎内に命が宿ると、識神がはじめて血と結合し、その生命現象は血液によって維持される。その血液のルートは臍にあり、臍に意識を集中しやすいのである。臍は胃腸の源だから、源を尋ねて臍に意識を集中して、不浄を観じたら貪欲を止めることができる。また無常観を体得する四念処*の瞑想は、臍を観ずることによって身念処の門である身体に対して意識化がおこなわれる。六妙門**の瞑想でも、臍は止の技術の基本としてよく用いられる。また温師の方法によって病気が治るのは、気海と呼ばれる丹田に心を止めていると気息が調和するからである。

＊「四念処」とは、無常観を体得するために身体（身）、感覚器官（受）、精神（心）、事々物々の構成要素（法）の順に観察（念）して、実体のないことに気づく瞑想法のことをいう。

＊＊「六妙門」とは、一から十まで呼吸を数え、乱れた心を修める瞑想（数息門）、息を数えずに呼吸にしたがって心の散乱を修める瞑想（随息門）、心を平静に保ち邪念を離れて心を集中させる瞑想（止門）、心に映っている対象をつぶさに観察する瞑想（観門）、観察している心を内省し実体のないこと気づく瞑想（還門）、心により所をもたず妄想が起こらない瞑想（浄門）の六つをいう。これは不定禅門と呼ばれ、この六つはどれが先でどれが後ということはない。

②ある師の指示

さらに「上気が胸に満ちる・両脇が痛む・背中の肩胛骨が痛む・肩が痛くなる・心が熱懊し通煩する・食べられない・ふさぎこむ・臍下冷え・上熱し・冷え・陰陽和せず・気をそそぐ」などの十二の病気は、みな丹田に意識を集中すれば治る。この丹田の正確な位置は臍下の二寸半にある。また痛みを克服するには、丹田から膝下の三里に心を移す。それでも痛みが取れなければ、両脚の親指の爪の生え際に心を向ける。

また「頭痛がして眼が赤く腫れてうずく・唇口が腫れる・鼻の中に胞子ができる・腹がにわかに痛む・両方の耳が聞こえにくくなる・首筋が腫れる」などの六つの病気は、両脚の間に心を向けて意識を集中していれば治る。さらに腹に水がたまり腫れて痛むときは、ただ心を一点に集中する。それでも心が悶えるならば、吸った息を少しずつゆっくりと長く吐き、それで少しでも気持ちが落ちついたら、それを繰り返し繰り返し続ける。これも静かな部屋でおこなうべきである。足腰が急に痛むときには、両脚の下に一丈の坑を掘ったと観念して、その中に悶える想いを置き、心をそこに集中して、健やかさを観念すればその痛みは治る。これも静かな部屋でおこなうべきである。

③心を足に止めること

常に心を足に止めれば、一切の病気は治る。物事を思考する五識は頭にあるので、心はちょっとしたことですぐに上気する。このため心は風大を使い、風大は火大を動かし、火大は水大を融じ、水大は身を潤して、上半身の気は調い上気は治まる。しかし、下半身の気が乱れて多くの病気になる。そのときには脚足の痙攣や麻痺に注意すべきである。

また五臓は蓮華が泥の中に茎を延ばすように下に向かって安定する。しかし、意識は風大によって上へと向かおうとする。そのときに上る気が臓腑を刺激すると、臓腑は傷んで病気になる。心を下に向けると心火は五臓へと下がり、飲食をよく消化する。これによって五臓は順調に動くので、心を下方にある足に止めることが最も大切である。

この方法によって多くの人が癒やされて効果を上げている。蔣添文《しょうてんぶん》、呉明徹《ごめいてつ》、毛喜《もうき》はその実践者である。病気になっていても、病気などは本来ないと強く観念することが大切である。このように強く観念して心を無病に止めるならば、三日間の内に治る。しかし、観念が調わなければ治らない。門を開ければ風が入り閉めてしまえば静かになるように、心の門が開いていれば心が外境に動揺して騒がしくなる。病気のときに、心を病気の部分に止め、心の門を閉めれば静かになる。それで病気が治るのである。心は王様のようなもの、病は盗賊のようなもの、王様である心がしっかり監督していれば、盗賊は逃げ去ってしまう。これは正しいことわりである。

④医学書にみる治病法

止の技術のように心を病気の場所に集中しなくとも、病気は治ると『黄帝内経』という医学書にある。天地の陰陽が交合して各々に五行がある。それが金・木・水・火・土の循環である。まず相生関係（相手を生かす関係）とは、金が化して水を生じ、水が流れて木が栄え、木が動いて火を明らかにし、火に炎あって土が貞《さだ》まる。逆に相剋関係とは、火は水を得て光を滅し、水は土に遇って行かず、土は木に値《あ》って腫瘡し、木は金に遭って折傷する。また金が木経を尅するように、肺経が実になると肝経が虚になる。このとき心を肺経に止めて白気を摂取すると、肝経の病気は治る。他の四臓も同様である。また止の技術によって四大の病気を治すには、動く心を急いで止めて水大の病気を治し、緩慢に止めて火大の病気を治し、頭部に止めて地大の病気を治し、足部に止めて風大の病気を治す。

二　気の技術

六気とは、吹・呼・嘻・呵・嘘・呬である。これはみな口の中に呼吸を出入りさせ、唇や舌や歯など口蓋を巧みに使い、ゆったりとして心を運びながら、その想によって気を巡らせる。たとえば、冷には吹気の呼吸法を用いて火を吹くようにして治す。熱には呼気の呼吸法を用いて熱を吐くようにして治す。百節の疼痛には嘻気の呼吸法を用いて治す。またそれは風大の病気も治す。浮腫《むく》んでいて上気するなら呵気、痰癊《たんいん》（胸脇部脹満）には嘘気、疲労には呬気の呼吸法を用いて治す。六気が五臓を治すとは、呵気の呼吸法は肝経を、呼気と吹気の呼吸法は心経を、嘘気の呼吸法は肺経を、嘻気の呼吸法は腎経を、呬気は脾経の病気を治す。

六気が一臓を治すとは、一臓に冷えがあれば吹気を、熱あれば呼気を、痛みがあれば嘻気を、浮腫んで煩わしいならば呵気を、痰がでれば嘘気を、疲労があれば呬気の呼吸法を用いる。他の四臓も同様である。

六気を呼吸に寄せて用いるとは、口に吹気を用いて冷を去り、鼻より徐々に温気を入れる。口に呼気を用いて熱気を去り、鼻より清涼の気を入れる。口に嘿気を用いて痛を去り、風を除き、鼻より安和の気を入れる。口に呵気を用いて煩わしさを去り、気を下す。痰を散ずるには、胸の痰が上分は口にしたがって出て、下分は息にしたがって溜まると想い、そのために鼻から気を入れないようにする。噓気を用いて浮腫みを去り、鼻よりゆったりと気を入れる。口に呬気を用いて疲労を去り、鼻よりかるく補いながら気を入れる。呼吸の出入りには細心の注意をはらい決して余分にしないように注意すべきである。よくよく考慮してそれぞれの呼吸法をおこなえば、自分の病気が治るばかりではなく、他者をも救済することができるようになる。

気の方法を要すると次のようになる。

冷　　　　　　　　→吹気で火を吹く　→心経の病気を治す
熱　　　　　　　　→呼気で熱を吐く　→心経の病気を治す
百節の疼痛（風大）→嘿気　　　　　　→腎経の病気を治す
浮腫んで上気　　　→呵気　　　　　　→肝経の病気を治す
痰癊　　　　　　　→噓気　　　　　　→肺経の病気を治す

疲労　　　　↓噯気　　　　↓脾経の病気を治す

三　呼吸（息）

呼吸法が重要なのは、薪と火によって煙があるように、呼吸も身体と心の相互作用によって生じるからである。煙の清濁を見て、薪が乾いているか湿っているかが分かるように、呼吸の強軟を観察すれば身体が健康であるか病んでいるかが分かる。もし身体の風大が動けばあちらこちらが痛んだり、痒かったり、病気の前兆が表れる。よく注意すべきである。

また呼吸には次のような四つの特徴がある。

一つには、呼吸するときに声があるものを「風」という。この状態を続けていると心が散漫になる。

二つには、呼吸がスムーズにおこなわれずに結滞するものを「気」という。この状態を続けていると心が結ばれて拘りやすくなる。

三つには、呼吸の出入が間に合わないものを「喘」という。この状態を続けていると疲労が貯まる。

四つには、声なく、結滞なく、出入ともにスムーズにおこなわれているものを「息」という。この状態を維持していれば心身はともに安定する。

まさに静かな処で結跏趺坐し、身体を正しく安定させ、手足の力をぬいて、脚を趺坐に組み、かたよらずに曲がらずに、また帯を緩め、身体を動かし両側を伸ばして調える。左手を右手の上に置き、親指はわずかに向かい合わせにする。両頬の力をぬいて少し口を開き、四〜五回長く息を吐き、続いて漸く余分なことを考えず無想にしてから、徐々に目を閉じ、目蓋を軽くつぶり、ゆったりと息の所作を用いるようにする。

また八触の相違によって生じた病気を治すには、四つの方法がある。

一つには、重触による地大の病気にはもっぱら出息を用いる。

二つには、軽触による風大の病気にはもっぱら入息を用いる。

三つには、冷触による水大の病気にはもっぱら出息を用いる。

四つには、熱触による火大の病気にはもっぱら入息を用いる。

他の病気についても、呼吸が正しく調和すれば病気は治る。ここで必要なことは、これはすべて数息観の実習であって、別の呼吸法のことではないと肝に銘ずることである。

十二の呼吸法の応用とは、上・下・焦・満・増長・滅壊・冷・煖・衝・持・和・補の十二の呼吸法の実習である。この十二の呼吸法によってイメージと心を結ぶ。なぜなら、胎児は母親の呼吸によって成長するが、やがて呼吸する心が芽ばえ母親の呼吸にしたがわなくなる。それによって出生して母子がともに離れていても呼吸が続いている。これは報息と呼ばれ、母の呼吸に応えて起きた呼吸のことである。また自分の感情からも呼吸が芽ばえる。たとえば、怒りのときに呼吸が荒くなるのはこのためである。これは意識的な呼吸のことで依息と呼ばれる。さきの吹・呼・嘻・呵・嘘・呬の六気は報息について心を結んでいるが、この十二息は依息について心を結んでいるので、この二つは同じようでも異なっている。

またさきに、五色によって五臓の病気になることを示したが、それはその臓器の状態によって病気になったので、その病気は依息によって治すべきである。ここで十二息を解説すると次のようになる。

①上息は沈重の地大の病気を治す。
②下息は虚懸の風大の病気を治す。
③焦息は脹満を治す。
④満息は枯瘠を治す。
⑤増長息は四大を増長させる。これはインドの修行者の長生法である。
⑥滅壊息は諸々の癊膜を散らす。
⑦冷息は熱の病気を治す。
⑧煖息は冷えを治す。
⑨衝息は癥結腫毒を治す。
⑩持息は動揺する不安定を治す。
⑪和息は四大を通融する。
⑫補息は虚乏を補う。

これらの呼吸法を実習するときには、各々の心想にしたがいながら詳しく病状を知って呼吸法を厳選し、決して誤った呼吸法を用いないようにすべきである。

四　仮想

仮想によって病気を治す方法は、弁師が首のこぶを治した方法や、お腹のしこりに針を用いて治す方法や、『阿含経』の煖蘇《なんそ》という仮想の方法によって労損（神経症）を治すことなど、まるで蛇を呑む方法のように奇異ではあるが、古来より多くの仮想法が伝わっている。

五　観心の技術

観心とは、種々の呼吸法などを用いずに直ちに心を観ることである。どのように観るかといえば、心に去来する思いをどのように推察し求めても、それは観念だから不可得なものである。これと同様に人が病気になって苦しみに苛まれても、その心に去来する苦しみも不可得と観ること、これが観心である。

六　方術

方術を四つに分類する。方術によって病気を治すとは、その方術を知っていれば早く治せるが、知らなければ遠回りする。たとえば、シャックリや歯を治す方法とは、足の親指に心を集中して肝経の病気を治すようにする。しかし、方術は、身体への功罪が多いので、僧侶が用いるべきではなく、また学ぶべきではない。もし学んでしまったのなら、早々に棄てて忘れてしまうべきである。

また四種の三昧を実習するとは、瞑想技術にはいろいろな方法があるが、それは四種類に分類できる。専門的にはそれを四種三昧という。

一つには、じっと坐って瞑想すること。

二つには、回峰行のようにある目的をもった行為によって瞑想すること。

三つには、経文読誦の音声によって瞑想すること。

四つには、見返りを求めない、無為の行為によって瞑想すること。

この四種三昧を実習することで、修行者の心身が安定して病気などが改善したり、逆に不安定になって病気になったり、それらは定まったものではない。しかし、もし病気になってしまったら、それによって病気を治す修行の道が開かれたのだから、病気を邪魔者と嫌ってはならない。

自分の名聞利養のために、世間に方術による治病法を吹聴することは、魔の幻覚、魔の偽りあり、そのような思いは早々に捨てるべきである。また三十六獣があなたを煩わせるならば、「波提陀《はだいだ》 毘耶多《びやた》 那摩那《なまな》 吉利波《きりは》 阿違婆《あいば》 推摩陀《すいまだ》 難陀羅《なんだら》 憂陀摩《うだま》 吉利摩《きりま》 毘利吉《びりき》 遮陀《しゃだ》摩《ま》」と、この呪を三遍ほど誦すべきである。また注意していたにもかかわらず、環境が変わって心が驚いて気が上がり、腹が満ち、胸が煩い、頭痛、心悶するのは、六神が身体中で遊び回っているからである。驚きによって心が不安定になるのは、外の悪い神が体の中に入るからである。これを治すには、一息ついてから口を閉じ、鼻をすぼめて塞ぎ、気がもれないようにして、気が体中に満ちるのを待ち、その後に気を放って長く吐き出すようにする。頭の上から足先まで全身から気が出るという想を抱きながら、さきの呪を三遍誦すべきである。そして、さらに「支波昼《しはちゅ》 烏蘇波昼《うそばちゅ》 浮流波昼《ふるばちゅ》 牽気波昼《けんけはちゅ》」と三返誦しおわって、その後に息を調え、一から十まで数え「阿那波那《あなはな》 阿昼波昼《あちゅはちゅ》」と誦せば病気は治る。

　赤痢、白痢の病気によって面は青く、眼が反り、唇は黒く、正体不明になったときには、手で痛むほど強く丹田を揉んでみる。また杖で身体の痛いところを打つと治る。なぜなら、病気は心によって起きるから、心に憂愁の思慮があれば、邪気が身体の中に入ってしまうのである。そのために身体の痛いところを打つと、その痛みによって邪気が去ってしまうから治るのである。

第四節　総括

治病法の効用は、それぞれに特徴があって、すぐに効果のあるものから時間のかかるものまである。たとえば、呼吸法を用いた場合でも、一所懸命に実践して、五臓の病気であってもすぐに改善する人もある。

またすぐには改善しなくても、暫く続けているうちに劇的に改善する人もある。巧みに呼吸法を応用して実習するなら必ず効用がある。真剣に病気と向かい合って実習していても、なかなか癒えないこともあるが、それは長い間薬湯を服用してようやく効果が出るようなものである。それはまた心が原因で病気になっている場合も同様で、気分が安定していても病状に良し悪しがあり、また気分が曇っていても病状に良し悪しがある。それぞれの治病法には特徴があるので注意して応用すべきである。

世間で効用がある薬は、みなが金銭を払ってその効用を買っている。しかし、良薬口に苦しという言葉があるように、効用のある薬は飲みにくいばかりではなく、その飲み方に注意事項が多いので困る。まさに命を惜しんで養生ばかりに気を取られている人は、死ぬまでの間に沢山の薬を服用している。これまで解説した治病法は、治療費もかからず、わずかな時間しっかりと実習するだけで、飲みにくい薬を服用することもなく、ごく普通に日常生活を営みながらでも効用がある。

しかし、これだけの効用があっても、多くの人々はあえてこれを実習しようとはしない。世間の人々には治病法の真贋の区別がつきにくいのだろう。まるでそれは響きのよい音楽と同調する音が少ないようなものである。こんな素晴らしい治病法を信じてもらえないことが残念である。ここで改めて「十の階梯で瞑想を深化させる技術」（十乗観法）を解説しよう。

もし皆さんが瞑想技術を実習して心身が調和するなら、その瞑想の道力によって病気になることはない。また多少の技術的な手違いによって病気になったとしても、瞑想の効力によって自然に癒やされるだろう。もし多くの障りが突如として競い起こって死にそうになったとしても、「この命のある限りこの道場で瞑想を続けよう」と心を決めれば、どんな罪でも滅しない罪はない、どんな悪業でも転じない業（おこないの結果）はないのである。

第五節　瞑想技術で生死の病を超える

ここでは瞑想技術がそのまま「生老病死の境遇を観察する」（観病患境）ための技術であることを解説しよう。これは「生死の病」を超える智慧の獲得（瞑想技術）がそのまま治病法ということである。「十の階梯で瞑想を深化させる技術」の十の階梯とは、一に「観不思議境」、二に「起慈悲心」、三に「巧安止観」、四に「破法遍」、五に「識通塞」、六に「道品調適」、七に「助道対治」、八に「知次位」、九に「能安忍」、十に「無法愛」である。この階梯でスピリチュアリティに気づき、生死の病を超えるのである。

この十の階梯を要約すると、およそ三つに大別できる。

①菩薩が人々を救済するために慈悲心によって病気になり、その病を克服するという代受苦的なもの

②病気は自分の過去・現在・未来の三世にわたる問題を教授してくれる大良薬

③病気には実体がなく空無自性である

そして、その何れもが、病気によって人々を救済する、病気は自分の問題を教えている、病気には実体がなく空無自性である、というもので、病気に対する認知の実存的な転換が示されている。私たちにとって病気とは忌むものであり、それは否定の対象である。だから医師の診断をあおぎ、早く治りたいという気持ちで、処方された薬をせっせと飲むのである。ところが、この瞑想技術では、「病気」は私たちに大切なことを教えてくれる善知識と捉えて、それまでの生き方の転換を求めていることが分かる。

その前提になるのは不可思議の境地を観想する瞑想体験である（観不思議境）。この瞑想体験は「病気になって苦しいと感じる一念の病心は、不可思議の境地から見れば、実際に有るわけでもなく、無いわけでもない。病気とは言葉を断絶し、その苦しく痛々しい相《すがた》から遠離していて寂滅清浄である。」というのである。私たちの日常の経験から考えても解らないことだから、その体験を「不可思議境」と名づけるのである。まさにこの瞑想体験は三昧の体験である。こう病苦について解説すると論理的には分かったような気がするが、実際には「生死の病」に罹っている私たちは、理性的に事物を理解しているようでも、病気になったとたん感情に振り回され苦しむことになる。この十の階梯で瞑想を深化させ、不可思議境を体験することが治病の直道である。

なにやら難しい話になっているが、この「十の階梯で瞑想を深化させる技術」の第一歩は「意識を一点に注意集中する止の技術」（繫縁守境の止）である。まず眉間や丹田などの身体的要素や、また呼吸時に副鼻腔を通過する感覚、その横隔膜の動きなどへと能動的に注意集中することで、意識の動揺を止めて瞑想状態を誘導することができるかどうか、さらに「集中しようする意識を手放す止の技術」（制心の止）によって、集中しようとする意識を手放して瞑想状態を深めることができるかどうかが要である。

陰陽五行相生・相剋循環図

五行	五色	五液	五脈	五声	五音	五役	五香	五志	五精	五塵
木性	青	涙	弦	呼	角	色	臊	怒	魂	色
火性	赤	汗	洪	笑(言)	徴	臭	焦	喜	神	触
土性	黄	涎	緩	歌	宮	味	香	思	意	味
金性	白	涕	浮	哭	商	声	腥	憂	魄	香
水性	黒	唾	沈	呻	羽	液	腐	恐	精	声

陰陽五行図色体表①

五行	五味	五帝	五季	五能	五臓	五腑	五官	五充	五穀
木性	酸	青帝	春	生	肝	胆	眼	筋	麦
火性	苦	赤帝	夏	長	心	小腸	舌	血脈	黍
土性	甘	黄帝	土用	化	脾	胃	口	肌肉	粟
金性	辛	白帝	秋	収	肺	大腸	鼻	皮膚	稲
水性	塩	黒帝	冬	蔵	腎	膀胱	耳	骨髄	豆

陰陽五行図色体表②

五行	五畜	五菜	五果	五禽	五悪	五方	五位	五気	五徳
木性	鶏	韮	李	虎	風	東	震巽	三碧 四緑	温
火性	羊	薤	杏	鹿	熱	南	離	九紫	良
土性	牛	葵	棗	猿	湿	中央	坤艮	二黒 五黄 八白	恭
金性	馬	葱	桃	熊	燥	西	乾兌	六白 七赤	倹
水性	豚	藿	栗	鳥	寒	北	坎	一白	譲

陰陽五行図色体表③

第五章　瞑想技術を養生医療として読み解く

これまで瞑想技術と仏教生活の実際について述べてきた。とくに瞑想技術はそのまま生老病死の境遇を観察するための技術で、治病法そのものだったことが分かる。このように仏教（瞑想技術）が現実苦の解決を目的とするところから、仏教はよく医療ベースの宗教だといわれる。『法華経』には有名な良医病子《ろういびょうし》の喩えがあり、『涅槃経』にも五味相生《ごみそうしょう》の譬がある。『法華経』では、よい医者がいて、物事をありのままに把握し、真理を見極める認識力があり聡明であって、薬の処方にすぐれ、よくいろいろな病を治すという。薬効食としての乳味・酪味・生酥味・熟酥味・醍醐味の五味のように、お釈迦さまの教えも熟成して『涅槃経』となる。このように医療の譬喩がとても多い。

このため仏教の瞑想技術を理解するには、インド医学（アーユル・ヴェーダ）や漢方医学の文化史的な事実を知る必要がある。その時代の仏教者がインド医学や漢方医学にもとづきながら、身体や病気というものをどのように捉えていたか、これからその文化史的な事実を眺めてゆこう。瞑想技術がたんなる瞑想の手段ではなく、悟りという健康的な意識感覚の表出や、トランスパーソナルな意識変容を誘導するためには、日常生活の中で少欲知足の生き方に徹して心身をコントロールすることが求められる。その仏教生活の規範がじつはその時代の医学的な知識だったのである。

第一節　日蓮遺文（十三世紀）に見られる医療

最初に鎌倉時代の日蓮書簡に引用されている医療から始めよう。日蓮遺文には仏教の思想信条ばかりではなく、その時代の文化史的な多くの情報を知ることができる。日蓮は晩年に鎌倉の生活から身延山へと隠遁して、弟子を養成している。そのときに講義に使用したであろう『五行大儀』という掛け軸が残されている（『昭和定本　日蓮聖人遺文』第四巻、二九一七頁）。

木　不殺生戒
肝臓　眼根　酢味　東方　青色　春　青雲　魂　歳星
火　不飲酒戒
心臓　舌根　苦味　南方　赤色　夏　赤雲　神　熒惑星
土　不妄語戒

脾臓　身根　甘味　中央　黄色　土用　黄雲　意　鎮星
　金　不偸盗戒
肺臓　鼻根　辛味　西方　白色　秋　白雲　魄　大白星
　水　不邪淫戒
腎臓　耳根　塩味　北方　黒色　冬　黒雲　志　辰星

この掛け軸は一見すると何やら占いのたぐいにように見えるが、じつはその時代の医療が病症や治療方針の基準とした「陰陽五行図色体表」に相当するものである。これで日蓮が、その時代の五行思想にもとづく医療の知識を持っていたことが分かる。

また『聖人御難事』（『昭和定本　日蓮聖人遺文』第二巻、一六七二頁）、『中務左衛門尉殿御返事』（『昭和定本　日蓮聖人遺文』第二巻、一五二三頁）の二つの遺文には、灸《やいと》と呼ばれるお灸治療の「お灸に焼かれた傷は痛いが、その痛みはやがて薬となるので痛くはない。」と効能をなぞる形で信仰の素晴らしさが示されている。

『日本医学史綱要』（富士川游著、小川鼎三校注、平凡社、一九七四年）によれば、この時代には平安期に丹波康頼によって撰述された『医心方』全三十巻（九八二）の医学が流布しており、『黄帝内経』（『素問』『霊枢』）などに見られる陰陽五行説を基礎とする、本草、薬性、鍼灸、養生、服石、房内、餌食などの医療がおこなわれていたという。日蓮が活躍した鎌倉時代（十三世紀）の医療はおよそ現代でいう漢方医学であり、武家社会ではお灸治療が養生法として広く普及していたことを窺い知ることができる。

さらに『中務左衛門尉殿御返事』『富木入道殿御返事』（『昭和定本　日蓮聖人遺文』第一巻、五一六頁）の二つの遺文には、

病気には二種類がある。一つに身体の病気とは地水火風の四大の病気である。そして、四大にそれぞれ百一の病気があり、全体で四百四の病気になる。この病気は、持水・流水・耆婆《ぎば》・扁鵲《へんじゃく》などの処方する薬で治せるものである。二つには心の病気である。これには貪瞋痴《とんじんち》の三毒と呼ばれる煩悩から八万四千にも及ぶ煩悩までである。この心の病気は仏教の教えでなければ治らない。

とある。

ところで、この「四大にもとづく四百四の病気」とはインド医学の病因論のことだが、

その文中に耆婆と扁鵲という医師の名前が見える。耆婆とは、ジーヴァカと呼ばれるお釈迦さまとその教団の主治医のことで、その時代のインド医学の権威者の名前である。また扁鵲とは中国古代の名医の名前である。

日蓮は『守護国家論』『妙心尼御前御返事』の中で、この耆婆を大医と呼び、それがインドの医師であることも、扁鵲が中国の薬師であることも知っている。しかし、この四大にもとづく四百四の病気と、インドの医師・耆婆と、中国の医師・扁鵲を同列に扱っていることで、日蓮はインド医学と中国医学がそれぞれ異なった医学であることに気づいていないことが分かる。四百四の病気とは、地大・水大・火大・風大という四大にもとづくインド医学に見える病気の総数であって漢方医学のそれではないからである。

第二節　日蓮はなぜインド医学を知っていたのか

日蓮はこのインド医学をいったいどこでどのように学んだのだろうか。日蓮は修学の過程で天台宗の根本道場である比叡山に登ったばかりではなく、自身の信仰の正統性を示すために、外相承として三国四師（インドの釈迦、中国の天台大師、日本の伝教大師、日蓮）をあげ、とくに天台大師智顗を高く評価し、自身を天台大師の典籍によって、法華思想史上の正統系譜に位置づけている。

この天台大師（中国、六世紀）の典籍の中で『摩訶止観』『天台小止観』など修行法に関する文献を検索すると、地・水・火・風の四大にもとづく四百四の病気の具体的な記述は、『天台小止観』「治病患　第九」と、『釈禅波羅蜜次第法門』「第四　明治病法」に見える。

要約すると、ともに、

・四大の不調和によって病気になるのは、地大が増えると、腫結・沈重・身体が枯瘠するなど、百一の病気が生じる。

・水大が増えると、痰癊・脹満・飲食が消化せず・腹病・下痢など、百一の病気が生じる。火大が増えると、煎寒・壮熱・節々が痛み・口内炎・鼻づまり・大小便の通りが悪くなるなど、百一の病気が生じる。
・また風大が増えると、身体の虚懸・戦掉・疼痛・痒悶・脹急・嘔吐・嗽逆・気急するなど、百一の病気が生じる。
・経文には、一大が不調和ならば、百一の病気による苦悩があり、四大が不調和ならば、四百四の病気が一度に生じる。

とある。

また『摩訶止観』には、

・身体が苦重になり、堅結し疼痛し、枯痺し、足が痿て、痩せるのは、地大の病相という。
・虚腫し脹脖するのは、水大の病相である。身体が洪熱し、骨節酸楚し、嘘吸頓乏するのは、火大の病相という。
・心懸けて、忽恍し、懊悶し、忘失するのは、風大の病相という。

とある。

この『摩訶止観』には四百四の病気の記述は見られないが、『天台小止観』に見える四大の病気については具体的に示されている。およそこれらの事実から日蓮が記述したインド医学は、『天台小止観』や『釈禅波羅蜜次第法門』から学んだものと分かる。

さらに『摩訶止観』「第七章　正修止観」「第三節　観病患境」を読み進むと、さきの四大の病相の前後に、中国医学の基本となる『黄帝内経』（『素問』『霊枢』）に見られる病因論の陰陽五行説に支えられた「五臓の病相」に関する記述がある。

肝臓に見られる病相とは、顔に光沢がなく手足に汗をかかずに乾いたようになる。また肝臓（木性）の上に白色の異変（金性）が見られるとき、金性が木性を剋すときには、澄んだ目が赤くなって痛むようになる。また脈診をすると、その脈は緩慢であり目が白くかすむようになる。

ここに日蓮がインド医学と中国医学の相異を明確に理解できなかった理由がある。それは天台大師が中国の陰陽五行説に支えられた医学と、インド医学を折衷していたからである。天台大師は文献的な記述ではそれぞれを明確に分類せず、かえってインド医学の病因論である四大要素と、仏教の概念である五塵や五根の概念を中国の陰陽五行説に支えられた医学へと取り込んでいるのである。とくに『摩訶止観』に見られる中国医学の知識と、インド医学の知識との折衷に当たって、天台大師は仏教の総合概論である『大智度論』に見える仏教医学の知識を大いに取り入れていることが分かる。

天台大師は玄奘三蔵（中国、七世紀）のようにインドのナーランダー僧院などへの留学どころか、中国国内から一歩も足を踏み出したことがなく、『天台小止観』や『釈禅波羅蜜次第法門』などに見られるインド医学をどこでどのように学んだのだろうか。そこで天台大師が活躍した六世紀以前に訳出された文献を四大や四百四病で検索すると、次のような文献が見える。

三世紀頃に訳出された『修行本起経』には「人には四大がある。この地大・水大・火大・風大に百一病があり、それぞれがいろいろ関わって四百四病が一度に生ずる。」とある。『仏医経』には「人にはもとより四つの病気がある。地大・水大・火大・風大がそれである。風大は気が起きることによって増大し、火大は熱によって増大し、水大は寒によって増大し、そして、地大（土）は力によって盛んになる。この四大によって四つの病気があり、四百四の病気が生起する。」とある。

五世紀に訳出された『摩訶僧祇律』には「病気には四百四病がある。風病に百一あり、火病に百一、水病に百一、雑病に百一がある。そして、風病の治療には油・脂を用い、熱病には酥を用い、水病には蜜を用い、雑病にはそれら三種薬を用いる。」とある。

この三つの文献はいずれも、『天台小止観』や『釈禅波羅蜜次第法門』の四大に関する記述と一致し、とくに五世紀に訳出された『摩訶僧祇律』とはよく一致する。およそこれらの文献によって天台大師はインド医学を学んだと思われる。

第三節　インド医学（医方明）について

　このように天台大師がインド医学を学んだ文献は、『摩訶僧祇律』をはじめ、中国に仏教が伝播した初期の教典である『修行本起経』『仏医経』などさまざまだった。しかし、それらの文献は残念なことにインド医学の専門テキストではなかった。本来、仏教の中でインド医学は五明の一つである医方明として扱われていたが、天台大師が健在であった六世紀末までに中国へと伝播した文献の中には、医方明の専門テキストを発見することはできない。

　ところで、この医方明の実際は玄奘三蔵（在印期間六二九～六四五）が伝えている。玄奘は七世紀中頃にナーランダー僧院を中心に遊学し『大慈恩寺三蔵法師伝』十巻、『大唐西域記』十二巻などを著しているが、その中で僧侶の学習コースの重要なものとして、一に声明、二に工巧明、三に医方明、四に因明、五に内明などの伝統的カリキュラムをあげている。僧侶たちはこの五明を三蔵十二部教の経典群とともに、七歳から学んだという。中国へと伝播していない医方明の専門テキストは、七世紀中頃のナーランダー大僧院では、五明のカリキュラムの一つとして学ばれていたのである。

また七世紀後半にやはりナーランダー僧院へと遊学した唐代の訳経僧義浄三蔵（在印期間六七二～六八二）は、ナーランダー僧院の遊学記である『南海寄帰内法伝』四巻の中で、当時のナーランダー僧院で実践されていた医方明の診療科目をあげている。実際の診療科目は次の八つである。

①所有《あらゆ》る諸瘡を論ずる（内科外科をかねた身体のできもの、はれもの治療）
②首疾を針刺すを論ずる（頭部の疾患で眼耳鼻や咽喉の治療）
③身の患を論ずる（身体の首から下の疾患で内科の治療）
④鬼瘴を論ずる（心が惑わされたような疾患の精神科の治療）
⑤悪掲陀（毒）を論ずる（悪掲陀とは毒のことで毒物の療法）
⑥童子の病を論ずる（胎児から十六歳までの子供の治療）
⑦長年の方を論ずる（寿命を延ばす療法）
⑧身力を足すを論ずる（身体壮健の療法）

この八つの診療科目は、現代のインド医学の根本聖典である『チャラカ・サンヒター』『スシュルタ・サンヒター』と同様の診療科目である。

これによってインド医学の専門テキストは中国には伝播していないが、七世紀中頃から末にかけてナーランダー僧院へと遊学した玄奘、義浄の報告から、八つの診療科目にもとづいた医方明が用いられていたことが明らかである。そして、その医方明の診療科目から考えて、現代のインド医学とほぼ同様の医療がおこなわれていたと考えられるのである。

第四節　中国に医方明の専門テキストが伝播しなかった理由

このナーランダー僧院で玄奘や義浄が見聞した医方明のテキストとはどのようなものだったのだろうか。義浄の『南海寄帰内法伝』には八つの診療科目について、その専門テキストは八部になっていたが、近年になってある人がそれを要約して一冊にまとめた。インドの地ではこの医学技術によって治療がおこなわれている。この医学を修学すると医師になることができる。西インドでは医師が尊ばれ、かねて商客を尊重するので困ることはない。また医学を学ぶことは自分の健康管理ばかりではなく、人の命も救うことができる。しかし、この医学の知識によって人を救うことは、僧侶としては正しい行道ではない。私は悩んだ末に医学の知識を棄てたのである。

とある。

ナーランダー僧院では僧侶が修学する五つのカリキュラム（五明）の一つとして医方明が学ばれていたから、当然、義浄も医方明を学んだはずである。しかし、義浄はこの医方明の功学は僧侶の正しい行道ではないとして、それを捨ててしまったというのだ。

ここにインド医学の専門テキストが中国に伝播しなかった理由が見える。義浄は「僧侶の目的は、まず自らが一所懸命に瞑想技術を実践し生死を越え、その自らが実践した技術を世間へと伝え広めることである。医学による救済が目的ではないからだ。」という。この詳細は後述するが、これと同様のエピソードが『摩訶僧祇律』にある。お釈迦さまが、カウシャーンビーに立ちよったときに、病気の治し方を熟知していた闡陀母《せんだも》という尼僧が、王家、大臣家、居士家などの富裕層の家に出入りし、妊産婦の胎病や、眼病、吐下の治療をしたり、咽喉の腫れを薬煙で熏じ、鼻孔に塩水や薬油で洗い、また出来物の患部を刀で切開するなど外科の治療をするなど、医師のように多くの患者を治し、たくさんの供養を得たという。しかし、お釈迦さまは医師のように治療するのは僧侶の仕事ではないとして、今後は医師のように「活命」を目的とする治療を禁止した。「もしこれから僧侶が医師のように治療するなら、比丘は越毘尼の罪、比丘尼は波夜提の罪になる」とある。

ここで目を引くのは、僧侶に医師のような活命を目的とする治療を禁止しただけではなく、罰則規定まで設けて禁止していることである。これらはいずれも懺悔すれば許される軽罪だが、罪まで設けてこれを禁止しているのは、その当時に闍陀母のように、医師のごとくに治療行為をした僧侶が多くいたこと、また現代でもカルト宗教の医療行為が霊感商法やインチキ治療器具など悪徳業者などの詐欺行為として問題になっているように、お釈迦さまの教団と王家などの間で医療行為をめぐって何らかの問題が生じていたことも考えられる。いずれにしても、義浄が学んだ医方明をあえて棄てたという真意はこのあたりに見えている。

第五節　ナーランダー僧院の医学テキスト

中国に医方明の専門テキストが伝播しなかった理由や、義浄が『根本説一切有部律』の訳出にその生涯を捧げた理由もおよそ理解できた。ところで、ナーランダー僧院の義浄をして「近日人ありて、略して一夾《きょう》となす」といわしめた医学の専門テキストとは、どのようなものだったのだろうか。

近年の研究では、このテキストはヴァーグバタの『八科精髄集』（アシュターンガ・フリダヤ・サンヒター）のことで、それはほぼ七世紀に成立し、インドの二大古典医学書として知られる『スシュルタ・サンヒター』と、『チャラカ・サンヒター』に含まれる医学的知識を集大成したものである。二大聖典にこの『八科精髄集』を加えて三大医学書といい、現代のインド医学でも重要な文献の一つとして扱われている。この『八科精髄集』は医学の理論と臨床の双方を扱いながら、二つの古典をうまく折衷していて読みやすいために、ナーランダー僧院のような総合大学的な教育機関では最適なテキストとして用いられたらしく、インド国外へも伝えられている。八世紀後半にチベット大蔵経にも収められ、九世紀半ばのペルシャ人の医師アッ・タバリーがアラビア語で著した『知恵の楽園』のインド医学に関する部分で『八科精髄集』が引用され、一部が八世紀にはアラビア語に翻訳されている。

さらに義浄は、その当時のナーランダー僧院でおこなわれていた医療のあり方を具体的に報告している。

四大の不調和には、一に窶嚕《ぐろ》（地大、グルマ）、二には燮跛《しょうは》（水大）、三には畢哆《ひった》（火大）、四には婆哆《ばた》（風大）の四つがあり、一は地大が増悪して身体が肥る地大の病気、二には水大が積もって下痢をしたり浮腫《むく》んだりする水大の病気、三には火大が盛んになり発熱や頭痛、また心臓循環器系の火大の病気、四には風大が動いて呼吸器系の病気や、身体の各部が痛むなどの風大の病気があり、これらは中国では地大の沈重、水大の痰癊、火大の熱黄、風大の気発と呼ばれる病気である。そして、一般的な臨床の現場では、四大から地大を外した、風大・火大・水大の病因論によって治療がおこなわれ、病気の種類も風大の気発、火大の熱黄、水大の痰癊の三種として、地大の沈重（身体）は水大の痰癊と同様に考え、別に地大を数えないという。

つまり、当時のナーランダー僧院のインド医学は、正しくは四大要素の病因論によって病気の原因と治療を考えているが、実際の臨床では現代のインド医学と同様に、風大（ヴァータ）・火大（ピッタ）・水大（カパ）の三大要素の病因論（トリ・ドーシャ理論）によって医療がおこなわれていたことが分かる。

第六節　インド医学に見える四大の治療理論

これらの義浄の情報によれば、ナーランダー僧院では四大要素の病因論は残っていたが、実際の治療では三大要素の病因論によって治療がおこなわれていた。この事実で分かることは、初期のインド医学の病因論は四大要素だったことである。この病因論がどのようなものなのか、七世紀以前に訳出された律蔵経典群に見られる病因論を年代順に比較してみよう。

一、『十誦律』巻第二（後秦北印度三蔵弗若多羅、羅什共訳、四〇四〜四〇九）

病者とは、四大が増減して諸々の苦悩を受けているのである。

二、『四分律』巻第五十一（姚秦罽賓三蔵仏陀耶舎、竺仏念等共訳、四一〇〜四一二）

この身体は四大が合成して形づくられたものである。この四大の身体がそれぞれ異なっているのは、四大の合成の仕方が異なるからで、この四大の身体から心が起きて化作し、身体の諸根肢節の働きが備わるのである。

三、『摩訶僧祇律』巻第十（東晋天竺三蔵仏陀跋陀羅、法顕共訳、四一六～四一八）

病気には四百四病がある。風病に百一、火病に百一、水病に百一、雑病に百一である。風病の治療には油や脂を用い、熱病には酥を用い、水病には蜜を用い、雑病にはそれら三種薬を用いる。

四、『五分律』巻第十五（宋罽賓三蔵仏陀什、竺道生等共訳、四二三）

病人とは、四大が増損して飲食を摂取することができずに、やがて気息が衰弱してしまうことである。

五、『根本説一切有部毘奈耶薬事』巻第十六（大唐三蔵義浄訳、六九五～七一三）

一切有情の身体は、みな四大の合成による。

六、『南伝大蔵経』「大品」第十五巻　相応部経典　六処篇

五　ジーヴァカよ、粘液より生ずる、或感受のここに起ることあり……

六　ジーヴァカよ、風より生ずる、或感受のここに起ることあり……

七　ジーヴァカよ、（胆汁など三つの）聚和より生ずる、或感受のここに起ることあり

……

八　ジーヴァカよ、時候の変化より生ずる、或感受のここに起ることとあり……
九　ジーヴァカよ、逆運の逢うことにより生ずる、或感受のここに生ずることとあり……
十　ジーヴァカよ、痙攣性の或感受のここに生ずることとあり……
十一　ジーヴァカよ、業異熟性の或感受のここに生ずることとあり……と。（中略）
十二　胆汁、粘液、風と（三種の）聚和と、時候と、逆運、痙攣、業異熟によりて第八なりと。

この六つの律蔵経典群を整理すると、漢訳の四大についての記述はほぼ同様で、四大の増減によって四百四の病気があること、風病は油や脂、熱病は酥、水病は蜜、雑病は油や脂、酥、蜜などの三種薬を用いることなど治療法までが挙げられている。『南伝大蔵経』では、とくに漢訳文献に見られない病気の原因に関する八つの原因が挙げられている。初めに内因として四大の病因論が火大（ピッタ・胆汁素）、水大（カパ、粘液素）、風大（ヴァータ・体風素）、地大（三つの組み合わせ・等分）があり、次に外因の四つ、季節の変化、異常な行動によるストレス（逆運）、事故による怪我（痙攣）、過去の行為の結果（業）である。このように七世紀以前のインド医学では四大の病因論によって治療がおこなわれていた。

第七節　四大から三大の病因論

ナーランダー僧院で実際におこなわれていた三大要素の病因論とはどのようなものだったのだろうか。インドの二大古典医学書の『チャラカ・サンヒター』『スシュルタ・サンヒター』に見える病因論と比較しよう。

『チャラカ・サンヒター』第二十章　病気の大分類について

ヴァータ、ピッタ、カパが身体的な病素のすべてである。病気には四種類がある。それは事故による怪我などの外因性の病気と、ヴァータ、ピッタ、カパを原因とする三種の内因性の病気である。

『スシュルタ・サンヒター』第一篇　総説篇

苦しみを与えるものを病気という。病気には偶発的、身体的、精神的、および自然的の四類がある。偶発的とは外傷によって起こる病気である。身体的な病気とは、おもに飲食物より起こり、ヴァータ、ピッタ、カパのいずれか、またすべてが増悪し体液失調によって病気が起こる。病気を克服するためには増悪した体液失調を鎮静するために、飲食物と日常生活の摂生が必要である。

このようにインド医学は三大要素の病因論である。ナーランダー僧院で見られた「四大から地大を外した、風大・火大・水大の病因論」と比較すると、その医学の知識としては格段の進歩をとげているが、病因論としては同様である。このようなインド医学を、現代ではアーユル・ヴェーダ（インド伝承医学）と総称している。その病因論は体質や気質を本として、私たちは母の胎内で生を受けた直後に先天的な体質や気質が決定すると理解する。そして、その体質や気質を決定するのが、ヴァータ・ピッタ・カパの三大要素のバランス関係である。

身体の上に見えるヴァータの要素には、便秘しがち、寒がりで冷え性、腹部膨満、不眠、乾燥肌になりやすい、循環器系の疾患になりやすいなどがある。ピッタの要素は、快食、快便、身体が柔らかい、皮膚が赤くなりやすく炎症しやすい、髪の毛が柔らかい、目の充血、下痢など消化器系の疾患になりやすいなどがある。カパの要素は、体力や持続力がある、体格がよい、肥満しやすい、鼻水・鼻づまりになりやすい、糖尿病や気管支炎になりやすいなどがある。

そして、これらの中で、ヴァータの要素が多ければヴァータ体質、ピッタの要素が多ければピッタ体質、カパの要素が多ければカパ体質、またはヴァータ・ピッタ・カパの複合型の体質というように、三大要素の病因論にもとづいて理解する。現代では基本となる三つの要素の組み合わせで、十種類の体質に分類されている。

私たちが自分の体質や気質に適した生活をすることで、三大要素のバランスがとれているときには健康的で、逆にいずれかの要素が増悪するような不適当な食事や日常生活の不摂生によって三大要素のバランスが崩れ、健康を害するようになるという。

たとえば、カパの要素には甘いという性質があるために、カパ体質の人が甘い物を食べ過ぎるとカパ病（水大病）に罹りやすく、この体質の人は現代医学でいう糖尿病などの生活習慣病に注意が必要である。またピッタの要素には辛いという性質があり、ピッタ体質の人が辛い物を食べ過ぎるとピッタ病（火大病）に罹りやすく、心臓などの循環系の病気に注意が必要である。このように体質に適した食事と、季節や時間にもとづいた生活がインド医学の治療法であり、その治療を支えているのが三大要素の病因論である。

これらによってインド医学が、ナーランダー僧院の七世紀頃の医療を境に、四大要素の病因論から、三大要素の病因論へと移行する過渡期にあったことが分かる。この時期を境に『八科精髄集』が、医方明の専門テキストとして用いられるようになったと考えられる。

第八節　お釈迦さまの仏教教団と医療のはじまり

　ところで、玄奘や義浄はナーランダー僧院のインド医学や、それに基づく仏教生活を伝えてくれたが、お釈迦さまの教団とインド医学の関わりについて語ってはいない。仏教教団にインド医学がどのように取り入れられ、どのように仏教生活を形作っていったのだろうか。お釈迦さまの仏教教団にインド医学がどのように受け入れられたのか、そのはじまりについて律蔵群に見える事例を拾い上げてみよう。

　僧院生活の規定である律蔵を読むと、そこに見えてくるインドの自然環境は現在のインドとほとんど変わらない。この十年間、毎年インドへと巡礼に出かけているが、とくに真夏の乾期（五～六月）には外気は体温を超え四十度という酷暑に出くわす。さらに雨期（七～八月）の到来とともに暑さはしのぎやすくなる。しかし、湿度が高くなるために蚊やネズミなどが媒介する伝染病から、食中《あ》たりなどによる吐き下しには細心の注意がいる時期である。

じつはインドの仏教教団と医療の関係は、この過酷な自然環境が原因だった。ちょうど、乾期の猛暑から雨期が訪れる季節になると、蒸し暑くなっても外気温が下がり過ごしやすくなる。しかし、この季節の変わり目で再び暑さが戻る秋期に、遊行で体力をすり減らした僧侶たちが、風病（秋時病）を発症したという記事が律蔵にある。

インドの古典医学書の『チャラカ・サンヒター』や『スシュルタ・サンヒター』によれば、真夏の酷暑、それに続く雨期の寒さによって、秋期になると空が雲におおわれ、大地が水によって潤されると、疲れによって消化の火が弱くなり消化不良を起こす。雨期の寒さに慣れていた体が、秋期になって急に太陽光線によって暖められると、蓄積していたピッタ（胆汁素・火大）によって、多くの人々は不調をきたしピッタ性の疾病が発症するという。

お釈迦さまは当時のインド医学の知識にしたがい、薬効食の規定を仏教生活に取り入れ、発病した僧侶たちの治療やその予防を積極的におこなった。これが仏教教団における医療の始まりである。律蔵には、舎利弗尊者が秋時病にかかり吐き下しで苦しんだ事例が記されている。

さきにも触れたが、インド医学では「地大・水大・火大・風大」の四大要素に支えられた病因論を持っていた。四大にはそれぞれに百一の病気があるので、全体では四百四の病気の種類がある。風大の病気には油・脂、火大の病気には酥、水大の病気には蜜、地大の病気には油・脂、酥、蜜などの薬効食が用いられた。この四大の病因論は、現代人の目からは誠に未熟に見えるが、現在、日本統合医療学会で検討されているアーユル・ヴェーダ（インド医学）の病因論である三大要素の理論（トリ・ドーシャ）と同じものである。お釈迦さまはその時代の四大の病因論を駆使して病気というもの、身体のあり方、そのフィジカルな生命現象を理解していたのである。

さらに仏教教団では、このインド医学によって薬効食として食事がコントロールされていた。律蔵では熟酥・生酥・油・蜂蜜・糖蜜の五種類の基本薬を「七日薬」と称して、僧侶が携帯することを許している。その時代の僧侶は応供《おうぐ》と呼ばれ、食事などはお供物として供養されたものを食べていたために、食べ物を持ち歩くことは禁じられていた。しかし、お釈迦さまは僧侶の健康管理のため、薬効食の携帯を許した。その後これらに加えて脂肪・根薬・煎薬（渋薬）・葉薬・果実・樹脂薬・塩の七種類が追加された。僧侶が病気になったことで新たな薬効食が追加されたのだ。これら薬効食の効能は、病気の治療よりは病気の予防（未病を癒やすこと）を目的としていたが、実際には治療もおこなわれている。皮膚病・非人病・眼病・頭痛・風病・足のひび割れと履き物・蛇に咬まれた傷・風病・黄疸・熱病・痔など十種類の治療法が律蔵にある。

義浄の報告にも、お釈迦さまが洗浴池とは別に露地に素焼きの煉瓦を積んで作らせた甎《せん》池《ち》の浴槽は湯槽の風呂であり、病気を除くための薬湯の風呂はサウナ風呂の罨法《あんぽう》であるとされている。とくに冷えからくる風労の痛みを緩和させるために、温めて発汗させる治療法である。また健康増進のため朝夕に胡麻油などを身体に塗らせたこともインド医学の治療法の一つで、現代ではパンチャ・カルマと呼ばれる五つの療法として伝わっているものである。

ところで、病気になった僧侶の実際の治療について、お釈迦さまは医師が指示した医療を何でも無条件に受け入れてはいない。現代でいえば精神病（非人病）の治療について、医師が治療のために動物の血肉を薬効食として処方しても、たとえそれがインドでは聖なる存在である牛の血肉であっても、周囲の人に見えない屏所で用いるという条件を付けることでそれを許している。しかし、皮膚の腫れ物などの刃物による切開手術は許すが、痔瘻など肛門付近の切開手術は固く禁じている。それは肛門や性器などの恥部を他人に見られるからではなく、そこが急所であるために、切開することで致命的な結果を招く恐れがあるからである。肛門と陰部の周囲二指の間の部分は、切開すれば死にいたる可能性の大きい急所のために、これを禁じているのである。

お釈迦さまがその時代の医療に対して、受け入れたり、禁じたりしている基準は、宗教的な思想信条ではなく、実際に僧侶としてその医療を受け入れることが相応しいかどうかということである。病気を治すために命がけで一か八かの治療をおこなうことは、出家者が医療を受け入れる基準にはならない、ということだ。ここにインド医学を受容するお釈迦さまの苦悩がある。

それを物語るエピソードが伝わっている。インド医学の名医で有名なジーヴァカの治療と教団の関わりである。ジーヴァカは王族のお抱え医師で、また信仰者としてお釈迦さまの主治医だったばかりではなく、僧侶の治療もしていた。ジーヴァカの医療は王族と仏教教団の僧侶に限定されていたのである。そのために一般庶民がジーヴァカの高度な医療を受けるには、具足戒をたもって出家して僧侶にならなければ叶わなかった。実際に病気になった在家者がジーヴァカの医療を受けるために出家し、病気が治ってしまうと還俗するという事件が頻発した。そこでお釈迦さまは教団の統制を図るために、病人に具足戒を授けた僧侶には、懺悔すれば許される軽罪ではあるが「越毘尼罪《おつびにざい》」という罰則まで設けて、これを禁じている。

これはジーヴァカの医療にみる社会性の問題だが、もし釈尊が世間的な病気を治すことで保たれる生命を重要視していれば、ジーヴァカには慈悲心によって医療を施しなさい、といったはずである。しかし、実際にはそれを禁じている。これによって釈尊は世間的な生命を超えたところで生命《いのち》を捉えていること、病気が治ることで存続する生命とは異なるものを見据えていたことが分かる。ここに仏教のスピリチュアリティが見える。さきには闡陀母《せんだも》という尼僧が医師のようによく病気を治した事例を挙げたが、仏教教団が取り入れたインド医学は、病気を治すことで保たれる生命である。しかし、お釈迦さまは大愛道によって生死を超えたところにある生命を見ている。お釈迦さまの教団がその時代の医療を受容したのは、たんに活命によって生きながらえるためではなく、僧侶が大愛道を歩み出家の大願を成就するために、肉体的な生命、四大によって構成されている心身（生命）を養うためだった。それは四大要素にもとづく身体感覚を観察することからはじまる。仏教の修行法は生老病死の境遇を観察する瞑想技術であり、生死の病を超える治病法である。まさに仏教はスピリチュアリティの気づきを目指しているのである。

第六章　瞑想技術を支えた仏教生活

これまで瞑想技術を理解するために、インド医学や漢方医学を文化史的に眺めた。とくにインド医学の実際は、未病を癒やすという養生（摂生）の考え方に徹していて、身体の不調和を感じたときには、自分の体質や気質に適した食事、季節や時間の過ごし方によって健康を維持していた。義浄の報告によれば、ナーランダー僧院ではインド医学に基づいた仏教生活がおこなわれていたという。ここではその生活術の実際を『南海寄帰内法伝』から眺めよう。

第一節　僧院の食事

生活術の実際といえば、まず食事が思い浮かぶ。海外旅行で異国情緒を満喫するには、その国の食べ物で舌鼓をうつことである。インドではどのような料理を、どのように食べているのか、そのイメージをふくらませると、テレビなどで放映される現代インドの食事風景が思い浮かぶ。都会では欧米風にテーブルだが、地方ではカーペットのような敷物の上にみなが車座になり、ステンレス製の大きなお皿に盛られたご飯にカレー汁をかけ、右手の三~四本の指を巧みに使って混ぜ合わせながら食べる姿である。しかし、義浄によれば、ナーランダー僧院では、椅子に腰かけテーブルで食事をしていたという。

現代インドは欧米化されているといっても、スプーンやフォークで食事をするのはごくわずかで、右手を巧みに使って食事をとる作法が一般的である。インド人はこの作法を誇らしげに、私たちは料理を視覚で楽しみ、嗅覚で楽しみ、味覚で楽しみ、手の触覚で楽しむという。しかし、そのためインドでは、食事の作法では手洗いの遵守が厳しく義務づけられ「浄不浄」の感覚が生まれた。さらにこの感覚は「聖俗」として、右手は聖なる浄手、左手は俗なる不浄手となり、食事には聖なる右手だけを使うようになった。

とくにインドの夏は猛暑を通りこして酷暑である。その「浄不浄」の感覚によって、食事など生活全般にわたる衛生を確保し、食中毒などを予防しているのである。こういうところにインド医学の智慧が活きている。僧院では「歯木で歯を磨かず、また手足すら洗わないというのは、まさに飲食に浄不浄の作法がないことで、それは卑しいことである。」という。歯木とは現代の歯ブラシのことで、早朝はもとより食後にも必ず手を洗い、口を歯木でよく磨き、さらにその歯木を割いて舌をこすって清潔にしていた。現代インドでは「タングスレーパ」という舌をこする器具が使われている（八十四頁図参照）。日本でもインド医学やヨーガの愛好者たちがおこなっている健康法である。

僧院の生活では、起床して洗面をすませた後で、もし食欲がなければ、小食（朝粥または米飯）どころか、お斎《とき》と呼ばれるお昼に一度きりの食事すら食べずに、身体の様子を内観する作法がおこなわれた。さらに食後には歯を磨いて、口をすすぐまでは、口にたまった唾液すら飲み込んではならないという徹底ぶりである。なぜここまで執拗なのかといえば、食後口にたまった唾液を飲み続けていれば、歯や歯茎にたまった歯垢まで飲み込むために、体調不良を招きかねないからだという。*

また僧院では、正午の食事時間が過ぎてしまうと、正しい食事（正食）の時間を過ぎているという理由で以後の食事は禁止されている（非時食）。なぜ正午に食事をするかといえば、インド医学では食事は薬効食として薬と同じであり、消化吸収の時間帯を厳密に規定しているからだ。三大要素の病因論では、昼時はピッタ（火大）の時間帯で、消化酵素がよく分泌される時間帯である。この時間帯以外の食事は未消化物（アーマ）を増やすとして禁止されているのである。

義浄は、

食後にそのまま会話に花を咲かせて、食器も洗わず、手も洗わず、そればかりか歯木で歯も磨かず、この穢れを持ち越したまま過ごす誤りを決して犯してはならない。この穢れを持ち越したまま日々を過ごしていると、体調不良を招くことがある。食後の穢れを洗い流す作法を自分でもおこない、仏道の門人に教え伝えることが本当の供養の儀である（『南海寄帰内法伝』第三章「食座小床」、第四章「餐分浄触」、第五章「食罷去穢」）。

という。

＊　現代医学でも口中の汚れと疾病の関係が論じられ、歯周病菌による歯槽膿漏などが糖尿病をはじめ心筋梗塞などの成人病に深く影響しているという。またストレスによって唾液量が減少することも知られており、効果的な歯磨きや口をすすぐことの大切さが指摘されている。唾液とストレスの関係では、医学者ワルダー・ペンフィールド（一八九一～一九七六）の研究で「ペンフィールドの脳」と呼ばれる身体感覚と脳の部位の関係が明らかになっており、口腔の脳に占める割合は大きく、脳の緊張はそのまま口の緊張につながる。逆に口の清浄感は脳の緊張を解消するという。（『脳と心の正体』教養選書五八、法政大学出版局、一九八七年）

第二節　早朝の歯磨きなどの作法

僧院では、僧侶は日の出前には起床し、必ず歯木で歯を磨くことから一日がはじまる。歯を磨き、舌をこすり、努めて作法の通りに、手を洗い、口をすすいで、清浄になってから礼拝する。この歯磨きをしないまま、礼儀正しく人に礼拝し、また礼拝されても、それは律蔵に照らせば罪である。現代人は、歯磨きをパスしただけで違反になるとは何と大げさなんだ、と思うだろう。しかし、さきのように口腔の健康度が身体の健康度に関係することをインド医学は気づいていた。インドは歯ブラシ発祥の地である。

義浄は詳細に歯磨きの作法を伝えている。歯木はサンスクリット語では「ダンタ・カーシュタ」という。それは長いものでは十二指（二三・二八センチメートル）、短いものでも八指（一五・五二センチメートル）で、およそ小指ほどの太さのものである。歯木の作法は、歯木の先をよく噛んで柔らかくしてから歯を磨くようにする。もしそのときに先輩の僧侶が近づいてきたら、すみやかに左手で口を掩って隠すようにする。

歯磨きがすんだら、その歯木を半分に引き裂き箆のようにして、舌の上を数回こする。または別に銅や鉄で舌をこする箆（タングスレーパ）を作ってもよいという。あるいは、小指ほどの竹や木片で、あるいは先の少し尖った楊枝で、歯茎や歯と歯の間の汚れを取り除き、次にそれを曲げて舌をこする。いずれにしても歯や舌が傷つかないように注意しておこなう。さらに歯磨きをおえて歯木を捨てるにも作法がいる。およそ歯木を捨てるにも、口の中の水を吐くにも、また鼻水や唾を捨てるにしても、律蔵にはトイレの作法のように、指を鳴らしたり（弾指）、咳払いをするなりしてからおこなうように規定されている。これは周囲への気配りである。

次に歯木の作り方である。これは大きな木を切って作るもよし、小枝を適宜に裁断して作るもよし、山里に近ければ、柞条《ははそのえだ》や葛蔓《くずのつる》が最も適している。平野では楮《こうぞ》、桃、槐《えんじゅ》、柳などが適宜に使われている。これらは予め用意しておき、足らなくなることのないようにする。また新鮮でまだ湿っているよい歯木はまず人に与えて、自分が使うときは古く乾いたものを使うべきである。若い僧侶は歯木の先をなんなく噛んで磨けるが、高齢の僧侶は、歯木の先を石などで柔らかくして使うよう配慮が必要である。また歯木の枝は口に入れた

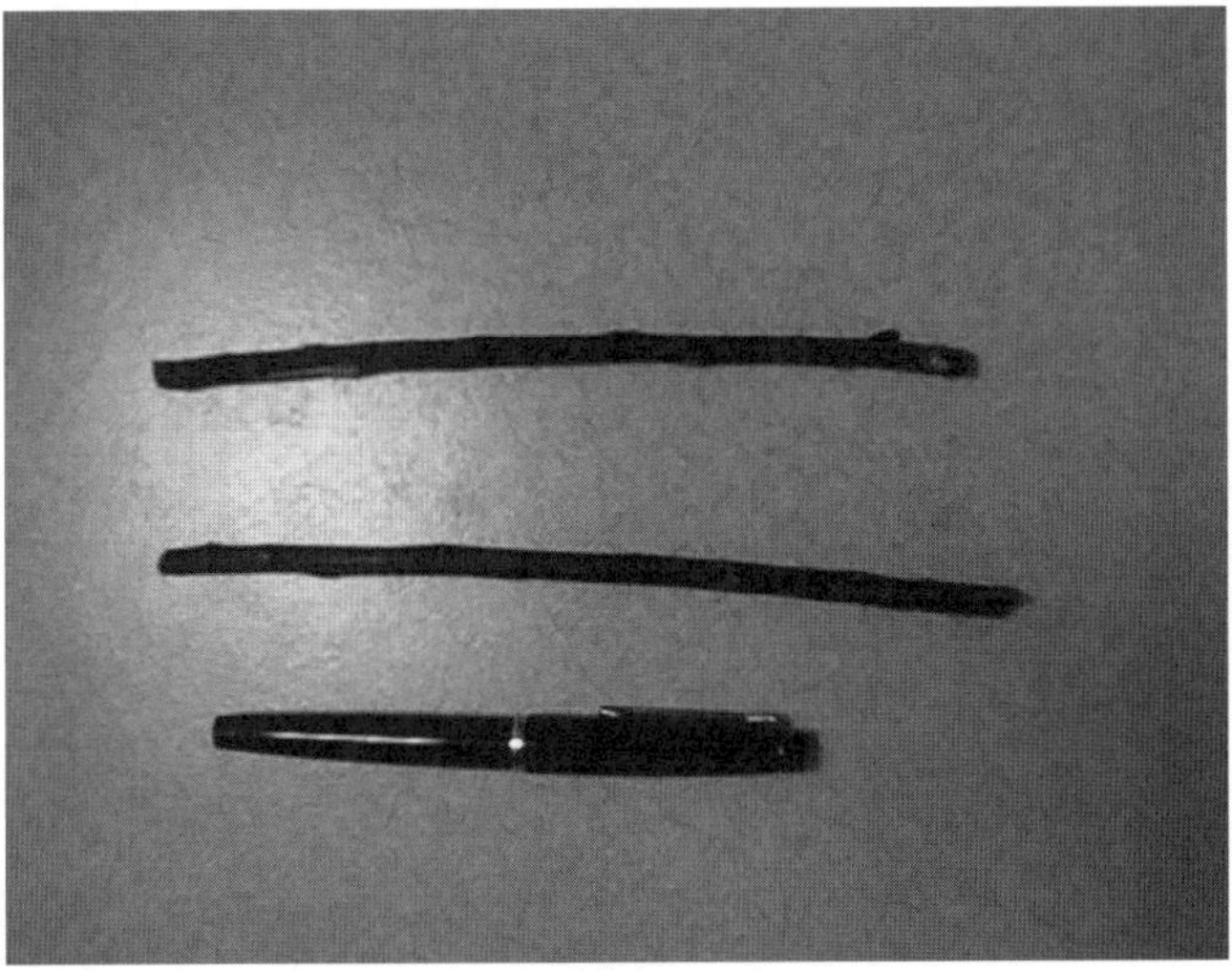

歯木

ときにほろ苦くて、ピリッとするものがよく、頭の方を噛むと綿のように柔らかになるものが良質である。これは現代のインドでも「ニーム・スティック」と呼ばれ、合歓木《ねむのき》の小枝を二十センチほどに切った棒のことだ。一本一ルピー（二円ほど）で売られている。試しに囓ってみると、確かにほろ苦くピリッとする。

　歯磨きの効能については、歯を堅くして、口の中を芳しく、食べ物を消化し、痰癊にならない。歯磨きをしていると半月ほどで口臭は除かれ、歯痛や歯槽膿漏なども三十日ほどで癒える。実際に歯磨きのポイントは、磨き残しせず、舌をこすり、唾液や痰癊が流れるようにさせて、多くの水で口に中をよくすすぐ。それから鼻から水を吸い込み、口へと水を流す。これは龍樹菩薩の長生きの養生術である。現代ではこれをネーティポットと呼ばれる器具になっており、その中に塩を少々入れて簡便におこなわれている（八十五頁参照）。これは辛《つら》そうだが、慣れてしまえば気持ちのよいものである。永く習慣にしておけば病気になることが少ない。このように歯を磨いていれば歯根につく歯垢もたまらず、また歯を磨いた後にお湯で口をすすぐなら、口の中は清潔になり終身まで自分の歯で食事ができる。インドで歯痛を耳にしないのは、このような歯磨きの習慣によって、口腔がいつも清浄だからである。

義浄は「インドの歯木の作法は、僧侶ばかりではなく、一般人も歯磨きするのが習慣であり、三歳の子供ですら磨いている。」と、この作法が一般的であることを伝えている（『南海寄帰内法伝』第八章「朝嚼歯木」）。

第三節　インドの僧院と食べ物

僧院の食事はお昼に一度のお斎である。そして、この食事の前には必ず生薑をいただく。生薑は親指の頭ほどのスライス一～二片に少量の塩をまぶしておく。その後しばらくしてから食事をする。これによって消化の炎（火大・ピッタ）が盛んになって、胃酸や消化酵素が分泌されるからだ。また僧院で僧侶が一日一回の食事（正食）がお昼に許されているのも、この消化の炎が昼時に最も強くなるからである。インド医学では一日を十二時で二分して、六時から十時を同化作用の排泄などのカパ（水大）の時間帯、十時から二時を消化作用の熱などピッタ（火大）の時間帯、二時から六時を異化作用の吸収などヴァータ（風大）の時間帯として、食物の排泄、消化、吸収を考えているのである。

僧院では次のような食事がふるまわれていた。うるち米を蒸しあげたご飯に、ダールと呼ばれる豆のスープカレー、これに温めたギィー（無塩バターの上澄み）をそそぎ、それを手で混ぜ合わせる。インド医学では温めたギィー、古典では醍醐味と呼ばれるバターオイルは、さきの三大要素（水大、火大、風大）を沈静させる最良の薬効食である。その時々に応じて、香辛料や調味料も使われる。食べるときはもちろん右手だけ使い、それも食べ物と接するのは僅かに指の半分程度である。はじめにチャパティーと呼ばれる無発酵のインド風パンと果物が配られ、その後に牛乳やヨーグルト、甘い砂糖菓子なども配られる。喉が渇けば冷水を飲む。これは冬夏を問わずにおこなわれている習慣である。

ところで、インドへと巡礼に出るときに、私は日本寺院ばかりではなくタイやスリランカのテーラワーダ仏教寺院でも食事の供養を受けることがある。そのときのメニューは定番のターリーがほとんどである。インド米をスチームで蒸したご飯をステンレスの皿に盛りつけ、それにダールのスープカレーをかけ、さらに季節の野菜、たとえばオクラやナスなどに、ニンジン、ジャガイモ、タマネギをカレーマサラなどの香辛料で炒め煮にした野菜カレー（サブジェ）がつけ合わせとしてテーブルに並ぶ。それを混ぜ合わせていただくのである。安価でボリュームもあるが完全な精進料理である。後述するが、さながら欧米で流行しているヴィーガンと呼ばれる完全菜食主義者の食事のようである。

こう気づくと、お釈迦さまはどんな食事をしていたか興味がわく。義浄はインドと中国の食材が大変異なっていることに驚いている。律蔵ではパンチャ・ボージャニーヤ（半者《はんしゃ》蒲膳尼《ほぜんに》）とか、パンチャ・カーダニーヤ（半者珂但尼《はんしゃかたんに》）という食べ物がある。ボージャニーヤとは食用に適した食べ物（含噉《がんたん》）という意味で、カーダニーヤとはよく噛んで食べる食べ物（齧嚼《げつしゃく》）という意味である。パンチャとは五つのことである。

つまり、パンチャ・ボージャニーヤとは五つの食用に適した食べ物（五噉食《ごたんじき》）の意味で、古くは「五正食」という。具体的には食用に適した食べ物は五つである。

一、米飯（バクタ）
二、麦などの穀類の飯（麦・ゴードゥーマ・穀類・サスヤの飯）
三、麨（シャクトゥ、麦こがし）
四、肉（マーンサ）
五、餅（マンダ）

次にパンチャ・カーダニーヤとは、五つのよく噛んで食べる食べ物（五嚼食《ごしゃくじき》）という意味である。

一、根

二、茎
三、葉
四、花
五、果実

これらは、そのときの諸事情で、はじめの「食用に適した五つの食べ物」(五噉食)を食べればそれだけで充分で、「よく嚙んで食べる五つの食べ物」(五嚼食)などを食べてはいけない。それぞれの食べ方は適宜だが、過食することが一番悪い。また乳味や酪味の乳製品は、五噉食にも五嚼食にも該当しない。しかし、律蔵にもその名前がないので正食に収まらないから、それは自由に飲食してよい。そして、もし食べ物を分類する場合には、たとえば小麦食品(麺食)では、それを水で捏ねたもので匙を立てて倒れない固さならば、この類はみな餅や飯の五噉食の種類になる。また乾燥させた麨は水を混ぜて指の跡が残る程度の固さなら、これもまた五噉食の種類になる。

ここでインドの食料事情に触れれば、インドはとても大きな国で中国とは気候も大きく違っている。食べ物については珍しい物が沢山ある。北の方は小麦が豊かで、西の方は大麦が豊かである。中央のマガダでは小麦は少なく米が多く、南と東の方はマガダと同様だ。さらに胡麻油（タイラ）をはじめ、乳味（クシーラ）、酪味（ダディ）、酥味（グリタ、サルピス）などの乳製品（ミルク、バター、ギィー、チーズなど）はインド全土で入手可能である。またチャパティーのような小麦食品の餅や果実など、その品目はあまりに多すぎて数えられないほどだ。

またインドでは一般の方々も、肉類などの生臭物（膻腥《だんせい》）を好んで食べる人はいない。お米は、中国と比べて粳米《うるちまい》が多く、粟は少なく黍はまったくない。甜瓜や砂糖黍、芋はとても豊かだ。青菜のような葉物の野菜は少ないが、蕪菁《かぶら》は豊かである。ところで、インドの人々は、野菜を切りそろえ種々の味を調えた和え物（韲《なます》）や、生野菜などを一切食べない。そのため腹痛になることがなく、触ってみると胃腸は柔らかく、お腹が強張ることはない。義浄は中国を懐かしんで野菜の漬け物を作ったが、それにあたって苦しんだという。

ところで、完全菜食のヴィーガンに触れたが、律蔵に見える食材、五正食には肉（マーンサ）が含まれているから、完全菜食ではないことが分かる。意外に思うかも知れないが、インドの僧院生活では食事を病気の治療や養生ための薬効食として応用している。医師が血肉の服用を勧めたときには、周囲から見えない屏所でその血肉を薬効食として服用することを許しているほどである（『南海寄帰内法伝』第九章「受斎軌則」）。

現代人には「僧侶は肉や魚を食べない」という暗黙の了解が存在するために、精進料理を正式に作ろうとすれば鰹など魚のうま味ではなく、椎茸や昆布のだしに限定される。そのために完全菜食主義に陥っている。これらがエスカレートして、食べ物ばかりではなく、化粧品類から衣類など、およそ動物の皮や毛皮など一切身につけないヴィーガンの主義主張へと発展している。

興味にはしるが、ベジタリアンといってもその種類は多い（蒲原聖可『ベジタリアンの健康学』丸善ライブラリー、一九九九年）。

・ラクト・オボ・ベジタリアン（Lacto-Ovo-Vegetarian）
　乳卵菜食者。乳製品と卵は食べる。
・ラクト・ベジタリアン（Lacto-Vegetarian）
　乳菜食者。乳製品は食べる。しかし、チーズは乳製品だが、牛を屠畜して胃の消化液を集めたレンネット（凝乳酵素）を使用したものは食べない。

・オボ・ベジタリアン（Ovo-Vegetarian）
卵菜食者。鳥や魚などのすべての卵は食べる、また無精卵に限る者もいる。
・ヴィーガン（Vegan）
完全菜食主義者。彼らは倫理的、環境的な理由で乳製品、蜂蜜なども含む動物性の食品を一切摂らず、また革、ウール製品、そして娯楽など食用以外の動物の使用も排除する哲学や人々を指す。
・ダイエタリー・ヴィーガン（Dietary Vegan）
ヴィーガンと同様に、植物性食品の食事をするが、食用以外の動物の利用を必ずしも避けようとしない。日本語の菜食主義者のイメージは、これに近いという。
・ピュア・ベジタリアン（Pure-Vegetarian）
西洋では主にヴィーガンと同義で使われるが、インド社会においてはラクト・ベジタリアンかつラクト・オボ・ベジタリアンでない（乳製品は摂るが卵を食べない）人々をいう。
・オリエンタル・ベジタリアン（Oriental Vegetarian）

仏教系の菜食主義者、菜食主義である。五葷《ごくん》（にんにく、にら、らっきょう、ねぎ、あるいはたまねぎ、あるいは浅葱）を食べない。食用以外の動物の利用を必ずしも避けようとしない。

・ノンミートイーター（Nonmeat-Eater）
牛・豚・鶏などを食べない非肉食者。卵・乳製品・魚介類は食べる。

・ホワイト・ベジタリアン（White-Vegetarian）
レッドミート（牛、豚、羊などの獣肉）を避け、ホワイトミート（鳥肉、魚介類）だけを食べる。

・セミ・ベジタリアン（Semi-Vegetarian）
世間一般の人より少ない肉を食べ、フレキシタリアンとも呼ばれる。

・ペスクタリアン（Pescetarian）、ペスコ・ベジタリアン（Pesco-Vegetarian）
フィッシュ・ベジタリアンとも呼ばれ、工業的に作られた食品を避ける点がベジタリアンと違う。野菜や魚は天然のものを食べ、卵や乳製品も近代的畜産でなければ食べる。

・マクロビオティック（Macrobiotic）
　玄米菜食主義。有機栽培や地産地消などがテーマに含まれており、他とは根本的な発想がやや異なる。

　長々とベジタリアニズムについて引用したが、仏教生活におけるベジタリアンとそれらとは異なることを伝えたかったからだ。ベジタリアニズムが肉食を否定する背景には二つの種類がある。一つは宗教倫理的にインドもちまえの不殺生戒（アヒンサー）思想によるものと、二つには健康的に過剰な肉の摂取を戒める主張や肉食そのものを否定する主張である。

　ところが、仏教生活のベジタリアンはまたそのおもむきが違う。さきにお釈迦さまは瞑想技術によって自らの心を内観していたといったが、内観して自己自身と向きあうためには、禁止事項としての戒が必要となる。たとえば、一つの努力目標を設定しそれに向かって進んでゆけば、その過程で辛いことや投げ出したいという内心の自己と出会い、内観によって気づきが深まるからだ。「不殺生戒」を守ろうと精進（努力）する過程で、「いのち」の大切さを悟り、自分自身の健康的なあり方に気づくのである。こう気づけば仏教生活のすべてが瞑想技術なのである。違いがお分かりいただけただろうか。

第四節　僧侶は身体感覚を観察し食事をコントロールする

いま仏教生活のベジタリアンに触れたが、瞑想技術によって自分自身の精神性に気づくには、まず自分の身体感覚に気づく必要がある。なぜなら、身体感覚という具体的な存在の「快不快」の感覚にすら気づけないようでは、微細な精神性に気づきようがないからである。ここに健康的なあり方に気づく僧院の生活術がある。義浄は「僧侶は自分の身体感覚の軽重を観察してから、お粥の朝食（小食）を食べる。まず起床したときのインド医学の病因論にしたがい、地・水・火・風の四大にもとづく身体感覚を観察し、小食を食べるかどうかを決める。」という。その理由を概観しよう。

病気の徴候を知るには、サットヴァ（清浄）・ラジャス（活動）・タマス（暗鈍）という自然界の三徳性の中で、サットヴァと呼ばれる明け方の清浄な時間帯に起床して、自分自身の状態に気づくことが大切である。もし起床して身体感覚が軽やかならば、それは四大が調っている感覚であり、いつものように小食を食べる。しかし、身体感覚に違和感を抱いたら、その違和感がどこからきているのか、その原因を探る。その違和感の原因が明らかになったところで、養生することになる。もし大事をとって休息したのちに身体感覚が軽く健やかになれば、それは消化の火（ピッタ）が体内で燃えはじめ、昨夜来の胃腸の未消化物（宿食）が消化したのである。そのときには小食を食べる。

およそ早朝の時間帯は痰癊の時間というが、それは昨夜来の未消化物（宿食）の液体（津）が胸と腹の間（胸膈）に貯まっている時間である。もしそのままの状態で小食を食べれば、身体には負担となり病気になる。それは火と薪の関係に譬えられる。炎がしっかりと燃えているところに薪を投げ入れれば、炎は薪に燃え移り勢いは増すだろう。しかし、延焼の悪いところに刈りおえたばかりの生の草をのせれば、煙ばかりが多くでて、いつまでも燃え上がらない。病気の原因はこのような未消化物の蓄積である。だから余分な食事は控えた方がよいのである。

そもそも小食とはお釈迦さまが、お昼に一回だけの僧侶の食事とは別に、早朝の食事を許したことからはじまった。この小食の内容はお粥か米飯で、四大の身体感覚に照らしてから食べることが前提である。この二つは律蔵に認められている。とくにお粥の効用は身体を温めて冷えや逆上《のぼ》せを解消し、身体を盛んにするなど、律蔵にはお粥の十徳（『摩訶僧祇律』）や五徳（『十誦律』）が示されているほどである。

また現代人は病気になったら滋養をつけなければと思いがちだが、インド医学では病気中に食事をすることは、かえって身体を疲労させるとして禁じている。頭が痛いとか、お腹が痛いとか、床に伏せるほどの痛みはなくても、四大にもとづく身体感覚の軽重がいつもと違うときには、それはまさに病気である。このように身体感覚の変化に気を配ることが仏教生活の基本である（『南海寄帰内法伝』第二十七章「先体病源」）。

第五節　ナーランダー僧院にみる医療の実際

このナーランダー僧院では僧侶の習いとして五つの学問（五明、パンチャ・ヴィドゥヤー）が学ばれていた。

一に声明（シャブダ・ヴィドゥヤー）
二に工巧明（シルパカルマスターナ・ヴィドゥヤー）
三に医方明（チキトゥサー・ヴィドゥヤー）
四に因明（ヘートゥ・ヴィドゥヤー）
五に内明（アドゥヤートゥマ・ヴィドゥヤー）

その五つの中には、医方明と呼ばれるインド医学がある。インド医学のよいところは、さきのように養生に徹していることだ。とにかく視覚、聴覚、嗅覚、味覚、触覚の五官を総動員させ、四大にもとづく身体感覚の変調やその徴候をしっかり観察し、八医術（アシュターンガ・フリダヤ）にしたがって養生する。自分の身体感覚をしっかりと観察すること、これが仏教生活の基本中の基本である。ベジタリアンであることも、自分自身に気づくことも、視覚、聴覚、嗅覚、味覚、触覚の五官を総動員させ、四大にもとづく身体感覚の変調やその徴候をしっかり観察する必要があるからだ。

インド医学では地・水・火・風の四大が構成する身体に病気が発生する理由を、そのほとんどが過食か、あるいは内臓に疲労が蓄積されているからだという。この過食についていえば、一般的に夜遅く食事をして、その食事が消化しないうちに朝食の時間がくれば食べてしまう。またお昼の時間になると空腹でもないのに食べてしまう。これが病気の原因である。暑気あたりによる急性の嘔吐や下痢などの胃腸病も、じつは過食が原因である。

多くの人は病気になってから、高価な薬を買い求めて治そうとする。裕福な人であれば、高価な薬を購入することもできる。しかし、貧しい人々には高価な薬はままならないから、貧者の生命は朝露のように儚いものである。病気についていえば、一度病気になってしまえば、それは取り返しのつかないことだから、まずは病気にならないことが肝要である。病気を治すことより、過食と過労を避けて病気にならない日常生活が大切である。実際に病気になってからこれを治そうとしても、なかなか完治しがたいことを肝に銘じておくべきである。

このようにインド医学では、多くの薬などを用いなくても慢性疾患（宿痼《しゅくこ》）を除くことができ、医者を頼らなくても急性疾患（新痾《しんあ》）を治すこともできるとする。インド医学では「四大が調和して穏やかならば、百病が生ずることはない」と教える（『南海寄帰内法伝』第二十七章「先体病源」）。

第六節　インド医学にもとづく健康管理の実際と断食

僧院ではインド医学にもとづいた健康管理と断食がおこなわれていた。インド医学の病因論では、万物の基本構成要素である地・水・火・風の四大の調和と不調和の関係によって生命活動が営まれる。そして、その生命活動の営みは、立春、春分、立夏、夏至、立秋、秋分、立冬、冬至の八つの季節変化によって四大も変化し、調和・不調和の関係が繰り返されていると考える。

およそ病気になったら、どこの国の医学であっても必ず休息すべきであるという。そのために釈迦世尊も『医方経』を説いている。四大の不調和には一にグロ（地大）、二にはカパ（水大）、三にピッタ（火大）、四にはヴァータ（風大）の四つがある。一つは地大が増悪して身体が肥る地大の病気、二つには水大が積もって下痢をしたり浮腫《むく》んだりする水大の病気、三つには火大が盛んになり発熱や頭痛、また心臓循環器系の火大の病気、四つには風大が動いて呼吸器系の病気や、身体の各部が痛むなどの風大の病気である。

そして、この病因論の応用は、まず身体の状態を観察して病気の徴候を知るところからはじまる。僧侶は身体感覚を観察して四大の不調和を感じたなら、まず早朝から断食する。そのときとても喉が渇いても、決して水を飲んではいけない。そればかりか水分を多く含んでいる果物すら摂取してはいけない。これだけをしっかり厳守し、そのまま身体感覚を観察する。違和感がおさまらなければ、そのまま一両日なにも考えずに断食する。場合によって四～五日間は断食しながら体調を観察する。それで違和感がなくなれば断食を止める。これが病気の徴候を知る方法である。それはちょうど、音階が狂ってしまった楽器の弦を調整するように、身体感覚に応じて数日間の断食によって体調をコントロールするのである。

ところで、早朝に起床したとき、昨日の食べたものの未消化（宿食）を感じたら、まず腹部を軽くマッサージしてから適量の白湯を飲んで、しばらくしてから指を使ってその白湯を吐きだす。胃の中の宿食が出てしまえば、それ以上する必要はない。これは冷たい水でおこなっても問題はない。この浄化法は律蔵の規定にも違反しない。とくその浄化法は、白湯や冷水のどちらよりも、乾燥させた生薑を煮出したスープでおこなえば絶妙の効果がある。まず身体感覚に不調和を感じたら、その日は必ず断食して、明朝になってからはじめて食事をするのがインド医学の常道である。

断食の効用についていえば、断食によって病人の宿食を除くことができれば、ヴァータの病気で身体の節々が痛む風労は治り、ピッタの病気の高熱も静まり、カパの病気で口中に唾が溜まる痰癊も解消する。この断食によって宿食が除去されれば、三大病を癒やすことができ万が一にも失敗はない。

中国でも曇鸞法師（五世紀）のように修行法に熟達していれば、自身で気を調えて病気を治すこともできるが、これは人知れず研鑽に研鑽を重ねたたまもので、神仙の方術に長じてはじめてできることだ。南岳慧思禅師（六世紀）ならば、昼夜にわたって禅三昧に入り心の源を観察し、病気の原因である邪悪を除くことで病気を治すこともできるが、これは常人の業ではない。また名医が居たとしても、貧しい人には高価な上薬を購入することはできない。しかし、インド医学の断食は、曇鸞法師や慧思禅師という達人の技術に及ばないとしても、その効用は最妙である。この断食の智慧を備えていれば、貧しき者にも、富める者にもともに役立つのである。

断食は、大きな腫れ物から小さな出来物まで、皮膚病から急性の発熱まで、また手足が熱をもって腫れたり、はては風邪などの季節ごとの流行病にも効用がある。また刃物の傷や、転落の事故、暑気あたりのおう吐や下痢、心臓疾患から、眼病、歯痛まで、あらゆる病気に効用がある。しかし、毒蛇や蠍の毒については無理である。それから断食中の遊行や肉体労働には注意が必要である。とくに断食中に長期間の遊行に出ることは、律蔵の規定に背くことではないが、やはり注意すべきである。

ところで、断食によって病気の症状が改善したら、そのあとはしっかりと休息することだ。そして、その期間は炊いたばかりの米飯を食べ、温かい大豆スープ（菉豆湯《りょくとうとう》、ムング豆のお粥）を飲んで養生するべきである。このスープには香辛料を混ぜて適宜の分量を飲むのだが、混ぜ合わせる香辛料は病気の種類によって異なる。たとえば、その症状がヴァータ、ピッタ、カパの三つの何れの要素に属するかを見きわめる。もしヴァータが増悪して、節々が痛むなどの風労では、胡葱《あさつき》、荊芥《ねずみぐさ》を入れる。ピッタが増悪して発熱して悪寒があれば、山椒や乾燥生薑や華茇《ひはつ》（ピッパリー、長胡椒）を入れる。『医方論』には、ほとんどの香辛料はヴァータを動かすが、乾燥生薑だけは例外でピッタを動かすので、どの要素であっても乾燥生姜だけは混ぜてよい、また断食後の養生中に冷たい水を飲むことと、薬を服用することはだけは厳禁である、とある。

断食後の復食については、お粥を食べるとカパが増える。しかし、もし病気の原因がヴァータが増悪した風労なら、お粥を食べればヴァータを減らす効用がある。またピッタが増悪した熱病には、苦蔘湯《くさんとう》（薬用人参の一種）をよく煎じたものを飲む。また断食後に常飲してよい飲み物としては、茗《めい》茶（摘み取ってから数年寝かした）を煮出したものがよい。義浄は中国を離れて長い間インドに留学しているが、この断食によって多くの病気を治した。またインド医学にしたがって養生生活をしているので、いままで大きな病気に罹ったことはないという。

ところで、もし断食しても症状が改善しなければ、それはまだ身体に病気があるので、断食後も継続して治療する必要がある。そのときは病気の種類によって、養生の飲食物が異なる。たとえば、煎じ薬の苦蔘湯はピッタを減らし、酥（ギィー、グリタ）、油（胡麻油、タイラ）、石蜜、漿（果物を搾ったジュース）などはヴァータを減らす効用があるという具合である。それから、断食の時間や日数は、中国と異なりインドではそれほど問題にならない。

西インドでは、およそ病気になると半月から一カ月間も断食し、病気がよくなると復食しはじめる。また中インドでは七日間以上の断食はしない。東南アジアでは、二〜三日程度である。それは気候の違いによって、四大の地・水・火・風の構成要素の比率が異なるために断食の日数が違うのである。義浄は病気を治すための三十日間という長期の断食事例あげ、それで病気は治り無事に生還したから、インド医学でおこなわれる断食の治療法を信じてほしいという。さらに断食を治病法としておこなえば身体は健康となり、そこに仏道修行も備わって自利・利他の功徳がともに成就するともいう*（『南海寄帰内法伝』第二十八章「進薬方法」）。

＊　一日一食の食事や断食の大切さが仏教生活の養生として力説されているが、現代医療でも少食や断食の効用が明らかとなっている。通常の六割程度の食事を三週間程度続けると、普段休眠しているサーチュイン長寿遺伝子が活性化し長寿と健康をもたらすという。これは生物として摂取カロリーが下がると子孫繁栄よりも肉体を維持しようとする本能が働くからだと考えられてい

る。（ＮＨＫスペシャル、長寿の元サーチュイン遺伝子は食事制限かレスベラトロールで活性化する。二〇一一年六月十二日放映）

第七節　散歩（経行《きんひん》）の効用

インドでは僧侶ばかりではなく、俗世の人々も経行（チャンクラマ）をしている。要するに、食後の腹ごなし散歩のようなもので、道を真っ直ぐに歩き、また真っ直ぐに戻ってくる、一筋の道を行ったり来たりするだけの運動である。この作法は、その時々に応じて適宜におこなえばよいが、ただ注意することは、騒がしいところ、気持ちが落ち着かないところではおこなわないことである。経行には、一つは病気を癒やす、二つには食べ物を消化するという二つの効用がある。

また経行をおこなう時間帯は、午前九時から十一時までと、午後一時から三時までの二度である。まさに食後に消化をよくするためにおこなうのである。そのやり方も、僧院から出て長いコースを歩いてもよい、また僧院の中で短い距離の廊下などを歩いてもよい。もし経行をおこなわなければ、身体は病気によって多くの苦悩を抱え込み、やがては脚が腫れたり、腹が腫れたり、肘や肩が痛んだり、または水大が増悪して痰癊の症状がでたりする。これらの症状は経行をおこなえば必ず解消でき、心身の健康によって仏道を成ずることもできるのである。

経行処の実際は、『法華経』を初めとする諸々の大乗経典が説かれた霊鷲山、釈尊が成道した菩提樹下、初転法輪の鹿野苑、王舎城など、お釈迦さまの足跡には必ず経行処の土台が残っている。これらを見ると、その土台の広さは二肘（九三・三センチメートル）ほどで、長さは十四〜五肘（六・六〜七・〇メートル）、高さは二肘あまり、素焼き煉瓦を重ねてこれを作り、その上を石灰でかためて、蓮華の開くありさまを描いている。またその上面に高さ二寸（六・二センチメートル）ほどで、広さはわずか一尺（三一・一センチメートル）の釈尊の足跡を表した図柄が十四〜五ほどある。その両端の土台の上には、人の身長ほどの小さな経塔が安置されている。その経塔は釈尊の象徴であり、ところによって釈迦世尊の立像を作ることもあるほどである。

ここでインドの経行と中国仏教でおこなわれている繞堂や繞仏との違いについて概観しよう。中国で仏殿や経塔の周囲を右回り（右繞）にするが、これはインドでは別の意味で、福徳や利益を目的としておこなわれる。たしかに宗教的な信行として慎み深くおこなわれるが、その目的が違うのだ。インドの経行は食事を消化させるなど四大の調和が目的であり、その真意は養生や治病法である。中国でも古くは行道や経行と呼んでいたが、それはインドの養生や治病法の経行と、中国の信行形態である繞堂や繞仏の儀式を一つの言葉に盛り込んだための誤解である。二つの意味を一つの言葉で表現したために、中国では経行の本意である養生や治病法が欠落してしまったのである（『南海寄帰内法伝』第二十三章「経行少病」）。

ここまでナーランダー僧院の生活術を文化史的に眺めてきた。そこには瞑想技術としての仏教生活が、常にインド医学とともにあった。仏教生活は四大にもとづく身体感覚を観察するところからはじまった。瞑想技術によって、禅那から三昧の状態が誘導されれば、そこに悟りの体験が見えてくる。その体験は自分自身の内面への気づきであり、それは身体感覚の気づきにもとづくのである。義浄は、中国の僧侶が食後の歯磨きなどの食事の作法を無視して、不邪淫戒の一条だけを守り通すことが聖僧であるといい退けるありさまに、着衣喫飯の日常生活で経験するささいな感情の動きに気づけないようでは、悟りなどほど遠いことであるという（『南海寄帰内法伝』第九章「受斎軌則」）。

瞑想によって健康的な意識感覚に気づくには、外的環境としての生活空間、内的環境としての心身の状態を調えることが必要である。まさに着衣喫飯の生活術を通じて身体感覚を観察することが仏教生活である。

エピローグ

インド独立の父と崇められるマハートマー・ガンディー、その偉大なる政治理念の規範となった「おこない」が断食だった。ガンディーは自らの政治理念について、

人生の一歩一歩が、徳に奉仕する目的を持たなければ、徳は効力を失うことになる。かくして、純粋に政治的な精神性を持っている人々は、同情と理解を勝ち取れる最後の政見発表の方法として、非暴力と断食の行法を学ぶことを念じてやまないのである。「肉体は神の棲家である」という金言を忘れてはならない。（機関誌『ハリジャン』一九四二年七月二〇日号）

と述べている。

この断食（ウポーシャナ）と呼ばれる「おこない」は、インドでは現在でもとても尊い行為である。ある大学教授が学生の授業態度が悪いのは自分の不徳のためだと、生徒を叱ることなく断食した。日本だったら「大学教授ともあろうお人が」と、逆に顰蹙《ひんしゅく》を買いそう

だが、それを知った生徒たちが先生にお詫びをしなければと集まったという話が聞こえるほどである。断食という言葉は、もともと「焼きつくす」とか「亡ぼす」という意味を持つ「ウパ・ウシュ」という言葉から派生して、悩みごとや病気の苦しみなどを解決する神聖な行為をいいあらわしている。苦悩を背負ったとき、人々はこの断食によって自我を修め、清浄な感覚に支えられながら、他者を責めることなく大いなる自然にすべてを託すという至高の「おこない」を実践するのである。義浄三蔵がナーランダー僧院の体験として語った仏教生活の要、四大(三大)にもとづき身体感覚を観察して不調和を感じたら、早朝には断食すべきだという教えは、インドの生活習慣そのものである。義浄は仏教生活がインド医学にもとづき肉体的な健康、精神的な健康、スピリチュアリティの気づきを促す治病法だったことに驚いている。

ところで、これまで五〇〇〇年に及ぶというインド文化の視点から瞑想技術を眺めてきた。瞑想技術の定義と技術については科学的な知見を用いながらも、実際に即して「瞑想実技編」といえるほどていねいに解説したつもりである。また仏教文化史の視点から養生医療のあり方や、インド仏教でおこなわれた僧院生活やインド医学の実際などについて広範囲だが現代に有用な話をしたつもりだ。しかし、読者からすれば、瞑想技術のはずが中国医学の陰陽五行説やインド医学の三大（四大）要素の病因論にもとづき、律蔵の規定で僧侶は一日一回の食事だけで、午後は果物を搾ったままのつぶつぶの入った天然ジュースも飲めないという真似のできそうもない話だったり、まとまりがないぞ、という声が聞こえそうだが、お許しいただきたい。

それは本書の目的が、現代社会が要請する人間行動科学（Human Behavior Science）の知見で瞑想技術を再評価しながら解説しているからである。それはこれまでの瞑想論のように、たんに瞑想技術を実習しているだけでは、私たちの心の中に眠っている健康的な意識感覚には気づけないからである。瞑想技術の古典的な解説書である『摩訶止観』や『天台小止観』には、瞑想状態によって深化する心の地図が描かれているが、特徴的だったのは理想的な状態に到達するときに経験する前兆の現象（善根が発する相）である。正しい瞑想状態を誘導して健康的な意識感覚に気づくには、清貧な仏教生活によって利己的な欲望を離れて心身を養うという肯定的な生き方が重要である。本来、瞑想技術の目的は、私たちがどのように健康的に生き、健康的に死を迎えるかにあり、それは釈尊の教えのように生老病死を克服することである。現代社会が瞑想技術を求めるのも、この心身分離が背景にある。

このような仏教生活の実際として、古典的な解説書である『摩訶止観』には瞑想技術の実際を学ぶ前の用意や準備として二十五方便《ほうべん》が示される。五つの項目にそれぞれ五カ条あるので二十五カ条である。人間は環境に左右される動物だから、瞑想技術によって心身を調えコントロールしようとしても、外的環境としての生活空間、内的環境としての心身の状態を調えないと、より微細なコントロールが利かない。そこで二十五方便が示されるのである。

項目をあげればその意味は明らかである。第一に「五縁を具えよ」では、一に持戒清浄なれ、二に衣食を具足せよ、三に静処に閑居せよ、四に諸の縁務を息めよ、五に善知識に近づけよ。第二に「五欲を呵せ」では色声香味触の欲を呵せよ。第三に「五蓋を棄てよ」では、貪欲・瞋恚・睡眠・掉悔・疑の蓋を棄てよ。第四に「五事を調えよ」では、一に食、二に眠、三に身、四に息、五に心を調える。第五に「五法を行ぜよ」では、欲・精進・念・巧慧・一心になる。さらにこの項目の中では第一の「五縁を具えよ」の一「持戒清浄なれ」

の解説が全体の大半を占めており、外的環境を調えることがとても重要であることが分かる。

二十五年ほど前、私は仏道修行の基礎になる禅那の源流を求めて、幾つかのヨーガ・アーシュラムを訪ね歩いては、呼吸法や瞑想法などヨーガ行のさまざまな指導を受けたことがある。明治維新によって断絶した瞑想技術を復興させたかったからだ。そこで教授された呼吸法や瞑想法は、お釈迦さまが特殊な行法として退けられた極限の断食や長時間のクンバカ（止息）などを除けば、仏教の修行法と然したる違いはなく中庸の修行法（数息観）に通じるものだった。しかし、その当時、アーシュラムでおこなわれていたクリヤー（浄化法）と呼ばれる幾つかの作法は、帰国後も実習していたがそれを公表しなかった。僧侶仲間に外道の作法と揶揄されることを恐れたのである。その作法はネーティポットの塩水で鼻中と口腔をすすぐことと、タングスレーパで舌をこすることだ。公表することをためらいながらも、個人的には早朝の洗面時に鼻をすすぎ、舌をこすることは清々しい作法として続けていた。

ところが、それから十年ほど過ぎたころ義浄に出会った。そこには鼻をすすぐことは「龍樹菩薩の長生きの養生術」として、また「歯木を割きそれで舌をよくこすること」として示されていたのだ。いままで仏教の作法ではないと思っていたものが、じつはナーランダー僧院で実践されていた仏教生活だったことを知って、私は内心に喜びを感じた。その作法を堂々と語れるからだ。さっそくそれを日蓮宗現代宗教研究所の紀要『現代仏教研究』に写真まで掲載して投稿したところ、昨今の健康ブームのためか、宗内の各方面から反響があった。そのため現在でも、仏教典籍にみえるインド医学の研究が私のライフワークになっている。

実際にインドのヨーガ・アーシュラムで体験した生活から、現代の宗派仏教のあり方を眺めると、義浄がその時代の中国仏教を批判した意味がよく分かる。義浄が大乗仏教の戒・律の軽視と空門の尊重という悪弊を指摘したように、現代の仏教では仏教思想の哲学的な議論は盛んにおこなわれていながら（実際には議論といっても私にはイデオロギーに聞こえるが）、その仏教思想の源泉である仏教生活がまったく無視されている。仏教はお釈迦さまの瞑想体験そのもので、智慧の目でよく見て、修行の足で歩くという行学一体、行学二道の「おこない」として存在するのである。それが僧院の中でおこなわれていた仏教生活である。

古来より着衣喫飯は仏教生活そのもの（着衣喫飯是仏法）といわれ、瞑想技術とは日常生活の中で身体感覚を観察し、日常生活を正しくコントロールする技術だった。ところが、日本では明治五年に実施された「僧尼令廃止」によって僧院仏教が否定されたため、仏教は思想信条として大学の中には存在するが、瞑想技術を支える仏教生活は衰退した。またかろうじて伝わっていても、現在ではすでに鈍って形骸化している。

たとえば、現代の宗派仏教の食事を例に取ってみよう。現代の僧侶には守るべき食事の規定は存在しない。世間の人々と同じように朝昼晩の三食を普通にいただいている。そこで周囲の寺院のかね合いもあって「そろそろ修行をしておかないと、檀家さんの手前もあるから」と発心して、ある一定期間の修行である加行（プラ・ヨーガ）を志すと、たちまち食生活は一変して生臭物を使わない精進料理となる。そこで檀家さん方は、うちの住職は精進潔斎してさぞかしお辛い生活をなされているのだろうと思うわけだが、精進とはいっても、そこでは朝食としての粥座、昼食としての斎座、夕飯としての薬石と、名称が変わっただけで、三食しっかりといただく食生活が続くのだ。また宗派によっては大荒行と称して寒中に水行をしながら読経三昧、一日二食の白粥をすする艱難辛苦の修行を謳っているが、二回の食法のほかには薬湯の名目で蕎麦やうどんが用意されて、やはり三食いただく生活が続くのである。

ここでさきの義浄の報告のように、僧院の食事は斎時として原則的にお昼の一食で、朝粥は薬効食としてお釈迦さまが許してくれたものだから、食事の回数は粥座、斎座の二回のみになる。しかし、実際に僧侶は自分の身体感覚を観察し、昨夜からの胃腸の未消化物(宿食)を感じたら朝粥を食べないので、原則として一食である。さらに午後になってからは、飲み物でも固形物のまじったものも飲めず、ジュース類にも細則があるほどだ。飲めるのはオレンジをしぼり布で濾した果汁のみだ。ネクターのように粒々のあるものは禁止されている。

このように原則は昼一食の食事に、四大の身体感覚を調える薬効食の朝粥が許され、粥座、斎座の二食が律蔵に規定されている。しかし、現代の僧侶はどうして三食いただいていて何の疑問も持たないのだろうか。その理由といえば、ただ食事の規定をよく知らないだけである。食事がお昼中心の二食ということは知識として知っていても、仏教生活を実践していないので実際には何も知らないのである。ここで三食となった経緯を振り返ってみよう。インド仏教の朝座と斎座の二食の実際は、中国へと律蔵が伝播した段階ですでに伝わっている。しかし、それらは鈍ってしまったが、義浄が七世紀に『根本説一切有部毘奈耶』五十巻など根本有部律に関するほとんどの文献を訳出したので中国へと伝わっている。九世紀になると禅宗僧団に適用される仏教生活の規定が『百丈清規』（百丈懐海）として再構築されるが、そこには粥座と斎座に加えて薬石の文字が見える。この時代の薬石とは、夕食をとらない僧侶が夜更けに寒さを防ぐために懐に温石を抱いて（懐石）白湯などをいただくことだった。そして、さらに時代が下って十二世紀の南宋時代になると、薬石、または薬食と称して慣例的に夜食や夕食をいただいていたようである。義浄がインドで自ら体験したことを伝えていても、それから百年ほどするとすでに作法が鈍り始め、三〇〇年後には三食いただいたのである。

このように作法が鈍った理由は、さきのように『八科精髄集』などの医方明の専門テキストが中国へと正しく伝播しなかったことが大きな要因であると私は考えている。人は自分がいったい何をしているのか、その理由がはっきりと分からないと続かないのである。

律蔵でお昼中心の食事を重視するのは、正午ごろになるとピッタ（火大）が高まり消化の炎が盛んになって胃酸や消化酵素が分泌されるからだ。また食前に生薑のスライスに塩をつけていただくこともピッタを高め消化酵素の分泌を盛んにさせる、というインド医学の知識によっているのである。さらにインド医学では視覚、聴覚、嗅覚、味覚、触覚の五官を総動員させて身体感覚を観察し、その不調和や徴候に気づく努力をしていた。その観察によって八医術のそれぞれの適用が異なったからである。僧侶たちが起床したとき、まずはじめに四大の身体感覚を観察したのはこのためだった。

このように理解が進むとお昼一食になった理由も見えてくる。それは早朝に身体感覚を観察した結果、午後の遅い時間に食事をすると宿食が感じられたからである。一食に規定されているから一食しか食べられないのではなく、自己を観察した感覚にしたがったということだ。手前味噌だが、小寺で毎月一泊二日の「半断食の会」を実施している。ヨーガと瞑想をしながら、お昼にマクロビオティックの玄米ご飯をしっかりといただき、その日の夕食と翌日の朝食を抜き、翌日のお昼に天然塩の梅干しに玄米粥をいただく修養会だ。参加者の身体感覚は「夕食を食べないと、寝付きがよく、目覚めもよい。さらに朝食を食べなくても心身は爽快です」という。

ところが、夜はよくても朝に不快を訴える参加者がいる。ここにお釈迦さまが朝粥を許した理由がある。疲れがたまりやすい（風労）体質の僧侶を考慮してのことである。このように僧侶の体質や心身の状態に応じて身体感覚が異なるために、食事のコントロールがおこなわれたのである。

仏教生活での食事は、たんに空腹を満足させるためだけではなく、薬効食と考えられていた。僧侶の健康管理のため、インド医学にしたがって熟酥・生酥・油・蜂蜜・糖蜜の五種類の基本薬を「七日薬」と称し、僧侶が携帯することを許していた。それこそ体調の違いによって医師が処方し、薬効食が勧められれば、午後でも最長七日間は食べることが許されていた。律蔵にこれこれの規定があるからこれをしてはいけない、というのではなく、四大感覚を観察することによって、そのように気づいたのである。もう生活そのものが内観だったということだ。

このように仏教生活は自分自身の身体感覚を観察することに始まり、その内観の技術によって悟りや解脱という気づきが生まれてきたのである。悟るためには自己をしっかり観察する内観が必須である。自らの内面（精神性）に気づくには、まずそれを支えている身体感覚の認知が先決だからである。日常のごくありふれた生活の中で揺れ動く些細な感情を無視しているようでは、とうてい悟りなどの高度な精神性に気づけるはずはないのである。

ここで律蔵について話そう。それは律蔵の扱い方である。義浄は、律蔵は釈尊の遺誡だから、絶対的に遵守しなければならない掟として扱っている。しかし、本書の目的が瞑想技術を人間行動科学（Human Behavior Science）から再評価することだから、律蔵がお釈迦さまの遺誡であっても絶対視はしない。そもそも律蔵の規定は、お釈迦さまの仏教教団が出家集団として、当時のインド社会に適応するように規定されているからだ。律蔵の規定は、病気の種類によって薬を調合するように（応病与薬）、そもそもが対症療法的にできている。仏教教団のその時々の問題に応じてお釈迦さまが定めたものである。

たとえば、不邪淫戒では、ある裕福な家庭の長男が結婚したものの、しばらくすると跡取りを残さず出家した。ところが、跡継ぎがないと法律的に財産が没収され一族が路頭に迷うからと母親に諭され、母親の心中を察した息子は出家の身だが子作りをしてしまった。

お釈迦さまはその事実を確認して不邪淫戒を定めている。出家集団を運営維持するためには、性的な風評はインド社会では致命的だからである。ちなみに、出家者が妻帯しているのは日本と韓国仏教の一部だけである。また中国や日本の仏教では、「一日作《な》さざれば一日食らわず」という言葉が示すように、修行としての労働を重視している。しかし、律蔵の規定では不殺生を理由に農業などの労働を禁止している。この違いはインドのカースト社会にある。現代では近代化で緩和されているが、それでも職業の数だけカーストがある。お釈迦さまの時代に人種差別や職業の貴賤を越えるには、出家することである。つまり、出家者のカーストは「仕事を持たない、労働をしない」ことである。お釈迦さまは出家者として「仕事を持たない、労働をしない」ことで、社会的に自由平等を獲得したのである。

そもそも出家修行者が遵守する具足戒（別解脱戒）は律蔵に規定されていたため、「戒」と「律」とは「戒律」と併称されてきた。その内容は出家者が宗教的情操を高めるための戒と、出家集団を維持運営するための律である。出家集団を維持運営するためには出家することでカースト越えることが必要であり、その環境の中でよりよい瞑想体験を実現するためには戒によって心身を養う仏教生活が必要である。いま瞑想技術に求められることは、お釈迦さまの時代に制定された律蔵を遵守するストイックさではなく、現代人の心身分離から生ずるストレスをコントロールすることである。まさに現代社会ではインド的な出家者に頼らない瞑想技術（仏教）の時代を迎えようとしている。

たとえば、東南アジアのテーラワーダ仏教は、現代でも律蔵に則った仏教生活を遵守しているために、僧侶方は頭陀を行じている。夜明け前のサットヴァに起床して、手のひらの皺が見えはじめるころになると托鉢がはじまる。しかし、タイのバンコクでもその時間帯にご飯を炊いて供養する人たちは極めて限られ、必然的に金品の供養が多くなる。紙幣をお花や動物の形に折って鉢の中に投じ、結果的に食事は寺院の食堂でふるまわれる。またテーラワーダ仏教が海外に進出する場合、問題が生じる。欧米には出家者は応供《おうぐ》として供養を受ける人、在家者は供養する人というモチベーションが存在しないために、人は平等といいながら、「僧侶方はなぜ私たちを拝まないのだろう」と疑問をいだく。

この視点を見逃して、律蔵の規定にふれる話をすると、必ず現代の僧侶方は不殺生戒の一条を持ちだし、一つには仏教には不殺生戒があるから生き物を殺してはいけない、一つにはあなたは不殺生戒を守れるだろうか、という議論に持ちこもうとする。じつはこう質問する方々も、仏教生活が身体感覚を観察すること、内観することだということをご存じないのである。たとえば、律蔵にいう殺生とは「人命を断ずる」ことで、人殺しをしないこと、これが「不殺生」である。くれぐれも不殺生を、生き物を殺さないで！　と単純に解釈なさらないようにお願いしたい。律蔵には不殺生とは「蟻の命すら殺してはならないのだから、人を殺すことは当然いけない」とある。ところが、私たちは四つ足の動物でも、鶏でも、魚でも、野菜でも、みな生き物の生命《いのち》を食べることで自らの命を維持しているから、詰まるところ殺生によって命をつないでいる。ここに生きることとの矛盾がある。この矛盾の中で殺さない努力を重ね、生命の大切さに気づく、これが不殺生戒の目的である。このように自分自身の身体感覚を観察するという内観から律蔵を眺めれば、まさに律蔵は僧侶に気づきを与える瞑想技術の宝庫である。不殺生戒を持ち出すまでもなく、不殺生は当然のこと。しかし、生き物を殺さずには生きられないから、そこに葛藤が生じて内観が始まり、生命の大切さに気づくことができるのである。

もうこれ以上、言葉を労する必要はないだろう。お釈迦さまの瞑想体験によって仏教ははじまったといったが、その体験の内容は四大要素にもとづく身体感覚を観察するというインド医学の生活術にはじまり、内観することで禅那へ、三昧へと深化してきたのである。私たちの意思の鏡は四大という生理心理的な要素（心身）に支えられている。瞑想技術では四大要素にもとづく身体感覚の調和がなければ、内面を観察することはできない。この身体感覚を調和させるために止観双用という瞑想技術が存在する。

現代の宗派仏教は哲学に偏ったために瞑想技術どころではなく、仏教生活を忘れたために四大の身体感覚にすら気づくことができない。お釈迦さまが二師からなぜ離れたのか、なぜ苦行を捨てたのか。それは四大の身体感覚が正しく観察できなければ瞑想はできないからである。まさに仏教は瞑想技術で、どのように心身をコントロールしたら深い瞑想体験を誘導して、私たちの内心の欲求として「仏になりたい」という肯定的な意識感覚（念仏の善根が発する相）を表出させるかを目的としているのである。

本書では瞑想技術を「情動コントロールの技術」と位置づけ、自律訓練法が瞑想体験を誘導する技術と古典的な瞑想技術を比較しながら、止観双用の瞑想技術を習得できるように解説したつもりである。瞑想技術というと、多くの方々は坐法や呼吸法、意識集中などの技術的なことに重きを置きがちだが、さきの二十五方便が物語るように、それを支える仏教生活がとくに大切である。天台大師が講述した「生老病死の境遇を観察する」(『摩訶止観』観病患境)を紹介したが、そこには中国医学とインド医学を折衷した仏教生活があった。ナーランダー僧院ではインド医学にもとづく仏教生活があった。お釈迦さまは自らの瞑想体験を伝えるために、その時代のインド医学の知識によって僧院でおこなわれた仏教生活を規定したのである。仏教生活に支えられた瞑想技術によって、正しい瞑想体験が誘導されるのである。

友を亡くして

この原稿の整理をはじめたとき、五十五年間親交を深めた友人が亡くなった。行年六十一歳である。彼は死の三年ほど前に、肝臓ガンの宣告を受けた。持ち前の社交家精神によって、彼の友人の多くは死の直前までそのことに気づかなかった。じつはこの気遣いが彼の身体をむしばんだといえる。いまとなっては何とでもいえるが、善意であっても周囲の人たちに過剰に気を遣うことは大きなストレスを背負うことだからだ。瞑想技術によって心身を統一する「おこない」は、自分自身のためにエネルギーを使うことである。そういう思いで闘病生活の一助に瞑想技術を紹介したが、周囲を気遣う心が彼自身の「こころ」を拒んでいた。すでに自分自身の快不快の身体感覚にも気づけずに瞑想体験もできなかった。彼にもう少し早く仏教生活を紹介できたらと悔やまれた。

病を宣告された彼は某大学付属病院で抗ガン剤の投与を受け、医師の力と本人の努力で数カ月後には見違えるほど元気になって姿を現した。ガン細胞は抗ガン剤でたたかれて、一網打尽になったからもう大丈夫だ、もう少し元気になったら一杯飲もう、といえるほど彼は改善した。しかし、医師たちはこれからの彼の病態がどう推移するかを奥さんに伝えていた、やはり三年ほどであると。

抗ガン剤で一時的にガンが退行しても、抗ガン剤は身体の免疫機能まで低下させるため、臨界点を越えたあるとき、突如としてガン細胞があちらこちらで爆発的に増殖をはじめるからだ。案の定、二年を過ぎたころから入退院がはじまった。あと三カ月と死の宣告を受けたところで、彼はやり残していたあるイベントのために退院したい、と医師に申し出た。医師は本人の病態を考慮して、何としても退院させたくないという。彼は強行突破して退院してしまった。それからガン性の腹膜炎で腹水がたまった身体をおしてイベントを成功させ、その後は家庭で奥さんや子どもたちとともに水入らずの時を過ごしていた。

強行に退院したものの腹水などは病院で抜いてもらったりしていたが、やがて食物が食べられなくなったことを奥さんから聞いた。そこで養生医療では知られている「湯のした」を試してもらった。玄米をきつね色になるまで煎って、香ばしくなったところを八倍ほどの水で煮込み、その上澄みをいただくのである。食欲を失ってどうしようもないときにも、これだけは不思議に美味しくいただけて、彼も数日間はこれによって食べる喜びを取り戻したという。しかし、その後は肝機能の低下とガン細胞によって血液不全、血液中のアンモニアが増えて意識混濁から昏睡状態へとおちいり、強行突破した病院に救急車で収容され、数日後に脳死状態で息をひきとったのである。

長々と話したが、この友人の死と、この「瞑想技術としての現代仏教」がどう関係するかといえば、それは現代社会では僧院における仏教生活の再興が急がれているということだ。じつはこの原稿を整理するためにインドのサールナートに建立された日蓮宗法輪寺に半月ほどに寄宿していた。サールナートはお釈迦さまの初転法輪の聖地で、北インドのバラナシ（ベナレス）から十二キロほどのところにある。バラナシといえばインド最大の聖地で毎年二〇〇万人の巡礼者が訪れる。皆さんもテレビなどで沐浴する姿をご覧になったことがあるはずだ。そこでは毎年一万人の亡骸が荼毘にふされてガンガー（ガンジス川）に流される、インドの聖地中の聖地である。

そこでは日本では想像もつかない――まあお墓も作らず遺体を焼いて川に流してしまうことすら想像もつかないことだが――ムクタ・バワン（死を待つ館）があることだ。それはヒンドゥー教寺院の付随施設で、人生最後のひとときを延命治療などせず、積極的に食を断って来世へと生まれ変わろうというのだ。だからムクタ・バワン、解脱するための施設と呼ばれる。以前、ＮＨＫの特集で報じられたことがあるが、原稿整理の時間をぬって訪ねてみた。さすがに人生最後を迎える現場だから、調査研究というわけにはゆかずに、周囲を散策してから近況を伺った。近頃はそういう施設も減ってきているが、寺院としては生老病死の人生における最終の帰港地として営まれている。そもそも寺院内で信仰生活をしながら老いて病んで亡くなるのが僧侶で、そういう信仰の場所が寺院であり、新たに死を待つための施設ができたのではない、とも話してくれた。

その話を聞きながら、私には本書の仏教生活の着地点が見えていた。義浄が報告したナーランダー僧院の仏教生活を思い起こしてほしい。早朝に起床したらまず四大にもとづく身体感覚を観察して宿食を感じたら食事をしないこと、さらに体調不良であれば断食して四大感覚を観察することであった。すべてが自分の身体感覚の軽重を観察し、食事をコントロールすることからはじまるのである。このように昔の僧侶は四大感覚によって自身の余命を知ると、断食によってこれまでの人生を内省し、さらにいよいよ死期が近づいたら水までも絶って「いのち」を枯らしたという。そういう事実は律蔵に記載されているが、この経緯を知らないと、仏教は自殺を容認している宗教と真顔でいわれてしまう。無知はこわい。

脳死で永遠の眠りについた彼は、病院から強行突破という形で退院したが、最後には自分で自分の死を選択できた。また「湯のした」で生きるための自然な味覚を取り戻すことができたから、これでよしとしなければならない。しかし、現代では多くの患者さんがガンを告知されても、自分自身の死期をどう認め、どう死ぬかという選択の余地はない。ほとんどは彼のように医師の治療方針にしたがって、治らないまでも抗ガン剤やら放射線やらで延命処置が施され、何らかの理由で食事が摂れなくなれば胃瘻（胃に直接管を入れて栄養を送る）や鼻からのチューブ挿入（経管栄養）がおこなわれる。それもできなければ栄養点滴などで「いのち」をつなぎ、最後に痛みがでればモルヒネで止め、血液のペーハーが異常になって全身症状がでれば薬で寝かせ死を待つだけである。嫌な話だが、結局は宣告のようにガンに殺されて死ぬのである。このガンの話は一例で、現代人のほとんどが病院で人生の終焉を迎え、種々の治療方針にしたがって死にいたるまで延命が続けられている。

そこには患者の「いのち」に関わる選択権は存在しない。

そこで仏教生活が身についていれば、断食によって内省の訓練も充分にできているので、死期についての納得もでき、断食によって食事のコントロールもでき、いよいよとなれば水も絶つと、二日ほどで昏睡し、病気に殺されることなく「いのち」を枯らすことができる。これこそがスピリチュアル・ケアである。まさにムクタ・バワン（死を待つ館）の生活がそこにあったのである。ところが、日本でこのようなことをおこなえば、たとえ私が覚悟しておこなったとしても、その昏睡状態を放置して私の「いのち」が枯れてしまえば、自殺関与《じさつかんよ》・同意殺人罪《どういさつじんざい》や遺棄罪《いきざい》などに問われ、刑法罰の対象となる。インドでは寺院や福祉法人などにナチュロパシー（自然療法）が認められており、宗教的な祈りを前提に瞑想や食事などによってスピリチュアリティを開発する療法がおこなわれている。だからこそムクタ・バワンがいまでも生き続けているのである。現代の日本社会にはインドのムクタ・バワンを持ち込むことはできないまでも、日本人の伝統的な心象が失われ死ねない社会に生きる私たちにとって、いままさに仏教生活の再興が急務だと思うのは私だけではないだろう。

最後になったが、この出版を快くお引き受けくださった国書刊行会佐藤今朝夫社長、また私のつたない文章の校正を担当しご尽力くださった編集担当の今野道隆氏に、深く感謝し御礼申し上げる。そして、この余慶を故人となった木村金男君の尊霊に捧げたい。

著者紹介
影山 教俊（かげやま　きょうしゅん）
1951年　東京生まれ
1976年　立正大学仏教学部仏教学科卒業
1979年　立正大学大学院文学部修士課程仏教学専攻科修了
1994年　南カリフォルニア大学大学院日本校博士課程人間行動学科修了
同　年　博士論文「『天台小止観』の心理学的、生理学的研究」にて米国カリフォルニア州公認カリフォルニア大学学位「人間行動科学博士（Ph.D.）」授与
1997年　日蓮門下祈禱根本道場遠壽院大荒行堂第五行成満
現　在　日蓮門下祈禱根本道場遠壽院大荒行堂副伝師、日蓮宗嗣学、日蓮宗教誨師、社会福祉法人立正福祉会「すこやか家庭児童相談室」室長、仏教瞑想センター（特定非営利活動法人国際NGOだあなジャパン）
著　書　『日蓮宗とは何か――日蓮宗加行所をめぐる戦後60年の光と影』『仏教の身体技法――止観と心理療法、仏教医学』『寺と仏教の大改革』『祈りで病気が治る』（共に国書刊行会）
現住所　千葉県鴨川市貝渚2929 釈迦寺 〒296-0004
HP: http://homepage2.nifty.com/muni/
E-mail: gef02653@nifty.ne.jp

スピリチュアリティにめざめる仏教生活《ぶっきょうせいかつ》
――瞑想技術《めいそうぎじゅつ》としての現代仏教《げんだいぶっきょう》　ISBN978-4-336-05739-6

平成25年9月10日　初版第1刷発行

著　者　影山教俊
発行者　佐藤今朝夫

〒174-0056 東京都板橋区志村1-13-15
発行所　株式会社　国書刊行会
電話 03(5970)7421　FAX 03(5970)7427
E-mail: sales@kokusho.co.jp　URL: http://www.kokusho.co.jp

落丁本・乱丁本はお取替えいたします。　印刷(株)シーフォース　製本(株)ブックアート